여행필수
몽골어 회화

단국대학교 몽골어과
교수 강 신 著

여행필수 몽골어 회화

초판 3쇄 인쇄 2009년 8월 15일
초판 3쇄 발행 2009년 8월 25일
저자 강신 / 발행인 서덕일 / 발행처 도서출판 문예림
출판등록 1962년 7월 12일 제 2-110호
주소 : 서울 광진구 군자동 1-13 문예하우스 101호
전화 : 02-499-1281~2 / 팩스 : 02-499-1283
http://www.bookmoon.co.kr / E-mail : book1281@hanmail.net

  잘못된 책은 구입하신 서점에서 교환하여 드립니다.
  저자와 협의에 의해 인지는 생략합니다.

ISBN 89-7482-190-7(13790)

이 연구는 2002학년도 단국대학교 대학연구비의 지원으로 연구되었음.
The present research was conducted by the research
fund of Dankook University in 2002.

머리말

바야흐로 국제화, 세계화시대를 맞이하여 우리는 직접적이건 간접적이건 몽골인들과 종종 마주치게 되었다. 그런데 그때마다 경험하게 되는 데자뷔(旣視感)현상 때문에 강한 감동과 연민을 느낄 때가 많다. 우리들이 그동안 문득 잊고 지냈던 유년기의 아련한 추억이나 조상 대대로 내려오는 삶의 터전을 지키는 살붙이들의 모습을 그들에게서 발견할 때면 더욱 강렬하게 그러한 느낌에 사로잡히게 된다. 몽골 여행은 이래서 신비로울 수밖에 없으며 이것은 어쩌면 우리들의 원향(原鄕)을 찾아 떠나는 원정인 것이다.

몽골인들은 한국을 솔롱고, 한국인을 솔롱고쓰라고 부르고 있다. 솔롱고란 아름다운 초원을 배경으로 뜨고 지는 무지개를 의미한다. 여기서 우리는 몽골인들이 가진 한국과 한국인에 대한 정서의 한 단면을 살펴 볼 수 있다. 1990년 3월 26일 한국과 몽골국의 국교수립이후 10여 년이 지난 지금 양국은 정치, 외교 등의 정부차원의 교류협력뿐만 아니라 경제, 종교, 예술, 문화 등의 민간교류 부문에서도 비약적인 발전을 해오고 있다. 몽골은 이제 더 이상 신비하고 낯선 이방의 나라가 아니라 가깝고도 친근한 이웃이 되고 있는 것이다.

이 책은 몽골을 알기 위해 첫 걸음을 내딛는 사람들을 위해서 만들어졌다. 한 나라와 민족을 제대로 이해하려면 우선 그들의 언어를 알아야 한다는 것은 두말할 나위도 없을 것이다. 즉, 언어는 타인들간의 소통을 가능하게 해주고 서로에 대한 이해와 신뢰를 증진시켜주는 가교인 것이다. 그럼에도 전혀 생소한 외국어를 익힌다는 것은 생각만큼 쉬운 일은 아니다. 특히 독특한 통사구조와 음운체계를 지니고 있는 현대몽골어는 언어습득에 있어서 상당한 노력과 시일이 요구되는 난해한 언어에 속한다. 이 책은 공무, 사업, 여행, 어학연수, 봉사활동 등의 다양한 목적으로 몽골을 방문하려는 사람들에게 몽골어에 대한 전문적인 지식이 없어도 큰 불편 없이 의사소통을 할 수 있도록 상황과 장소에 따른 기본적인 표현방법과 필수어휘를 담고 있다. 모쪼록 이 책이 몽골어 학습뿐만 아니라 몽골여행에도 유용하게 쓰일 수 있기를 기대하며 이 책이 나올 때까지 끊임없이 도움과 격려를 아끼지 않은 린칭깅 출템수렁 교수에게 고마운 마음을 전하고 싶다.

2003년 4월 15일

안서호반에서 **강 신**

- 현대몽골어의 음소분류와 발음

Ⅰ. 회화

1. 인사 _ 19

2. 축하 및 기원 _ 23

3. 감사 및 사과 _ 27

4. 유감 _ 30

5. 소개 _ 32

6. 가족 _ 36

7. 직업 및 학력 _ 41

8. 요청 _ 46

9. 의사소통 _ 49

10. 감정 및 의사표현 _ 52

11. 비행기 안에서 _ 56

12. 세관 _ 61

13. 호텔 _ 67

14. 환전 _ 78

15. 우체국 _ 82

16. 전화 _ 87

17. 길 찾기 _ 93

18. 시내교통 _ 97

19. 자동차 _ 101

20. 기차여행 _ 106

21. 비행기여행 _ 111

22. 레스토랑 _ 115

23. 관광 _ 123

24. 영화 _ 128

25. 예술공연 _ 132

차례

26. 쇼핑 _ 137

27. 여가활동 _ 142

28. 운동 _ 146

29. 건강 _ 151

30. 진찰 _ 156

31. 약국 _ 163

32. 비상사태 _ 166

33. 이발소와 미용실 _ 172

34. 구두수선 _ 176

35. 시계수선 _ 178

36. 안경수선 _ 181

37. 술집에서 _ 185

Ⅱ. 부록

- **신체부위** _ 190
- **기수사** _ 194
- **서수사** _ 198
- **분수, 소수, 백분율** _ 200
- **요일** _ 201
- **달** _ 202
- **때** _ 203
- **시간** _ 205
- **방위** _ 207
- **계절과 날씨** _ 208
- **색** _ 210
- **표지판** _ 211

현대몽골어의 정서법에 쓰이는 문자는 1940년대 초엽에 들어 당시까지 사용되었던 전통몽골문자를 버리고 러시아어의 끼릴문자에 두 글자를 더 보태어 모음자 12, 자음자 20, 부호 2, 반모음자 1로 모두 35개의 글자를 사용하고 있다.

원래 몽골족은 12세기경 Naiman部의 Tatatunga로부터 위그루족의 문자를 차용하여 자신들의 언어를 표기하게 되었다. 위그루문자에 의한 몽골어표기법은 몇 차례에 걸쳐 개정된 결과 모음자 5개, 자음자 23개의 문자체계로 확립되었으며 중국령 내몽고자치구에서는 지금도 이 문자가 사용되고 있다.

그러나 수세기 전에 확정되어 지금까지도 준수되어 오고 있는 이 문자의 표기법은 이미 현실어음과는 상당한 괴리를 보여주고 있다. 가령, 단어 안에서 차지하는 위치에 따라 동일한 음성을 상이한 형태의 글자로 표기하기도 하고, 상이한 음성을 동일한 형태의 글자로 표기하는 등의 매우 복잡한 표기법체계를 가지고 있기 때문에 이 문자의 습득과 활용에는 많은 어려움이 상존하고 있을 뿐만 아니라 전산화에도 심각한 장애로 작용하고 있다.

현대몽골어의 음소분류와 발음

몽골어의 가장 두드러진 음운론적 특징으로는 모음조화가 예외 없이 거의 모든 단어에 규칙적으로 적용된다는 점이다. 이것은 한 단어 안에 나타날 수 있는 모음들에 대한 제약으로 전설모음은 전설모음과, 후설모음은 후설모음과만 함께 나타나는 현상이다.

한편, 몽골어의 액센트는 강세액센트이며 제2음절 이하에 장모음이 없는 한 액센트는 항상 제1음절에 있다. 제1음절이 짧고 제2음절 이하에 장모음 및 이중모음이 있으면 액센트는 그 장모음이나 이중모음에 놓인다. 또한 몽골어의 액센트에는 강세액센트 외에도 고저액센트가 있는데 어말음절에 놓이며 소리의 높이가 일률적으로 상승한다.

1. 모음의 분류와 발음

문자 (대,소문자)	명칭	발음	음소분류
Aa	아	ㅏ	후설평순개모음
Ээ	에	ㅔ	전설평순반폐모음
Ии	이	ㅣ	전설평순폐모음
Oo	오	ㅗ	후설원순개모음
Өө	어	ㅓ	중설원순반폐모음
Уу	오	ㅗ	후설원순폐모음
Үү	우	ㅜ	중설원순반폐모음
Яя	야	ㅑ	과도음 j+a
Ee	여	ㅕ	과도음 j+e
Ёё	요	ㅛ	과도음 j+o
Юю	유	ㅠ	과도음 j+u

2. 장모음의 분류와 발음

문자 (대,소문자)	명칭	발음
аа	아:	ㅏ:
ээ	에:	ㅔ:

현대몽골어의 음소분류와 발음

용례	표기	의미
ам	암	입
эмч	엠치	의사
итгэл	이트걸	믿음
он	옹	년도
өглөө	어글러:	아침
ус	오쓰	물
үнэн	우넝	진실
яс	야쓰	뼈
ертөнц	여르턴츠	세계
ёс	요쓰	법도
юм	윰	사물

용례	표기	의미
ааш	아:쉬	성격
ээж	에:찌	어머니

문자 (대,소문자)	명칭	발음
uŭ	이:	ㅣ:
oo	오:	ㅗ:
ɵɵ	어:	ㅓ:
yy	오:	ㅗ:
үү	우:	ㅜ:
ы	이:	ㅣ:

3. 이중모음의 분류와 발음

문자 (대,소문자)	명칭	발음
aŭ	아이	ㅏㅣ
эŭ	에이	ㅔㅣ
oŭ	오이	ㅗㅣ
yŭ	오이	ㅗㅣ
үŭ	우이	ㅜㅣ
ya	오아	ㅜㅏ
ay	아오	ㅏㅗ
yaŭ	오애:	ㅗㅐ

현대몽골어의 음소분류와 발음

용례	표기	의미
чийдэн	치:덩	등
бороо	보로:	비
өрөө	어러:	방
уул	올:	산
үүл	울:	구름
таны	타니:	당신의

용례	표기	의미
аймаг	아이먹	도
хэрэгтэй	헤럭테:	필요한
оймс	오임쓰	양말
харанхуй	하렁호이	어두운
үйл	우일	일
гуанз	관즈	식당
аугаа	아오가:	위대한
гуай	고애:	-씨

4. 자음의 분류와 발음

문자 (대,소문자)	명칭	발음	음소분류
Бб	베	ㅂ	유성양순파열음
Вв	웨	w	유성양순마찰음
Гг	게	ㄱ	유성연구개파열음
Дд	데	ㄷ	유성치조파열음
Жж	쩨	ㅉ	유성경구개치조파찰음
Зз	제	ㅈ	유성치조마찰음
Кк	카	ㅋ	무성연구개파열음
Лл	엘	ㄹ	치조설측음
Мм	엠	ㅁ	유성양순비음
Нн	엔	ㄴ	유성치조비음
Пп	페	ㅍ	무성양순파열음
Рр	에르	r	유성치조탄설음
Сс	에쓰	ㅅ	무성치조마찰음
Тт	테	ㅌ	무성치조파열음
Фф	풰	f	무성순치마찰음
Хх	헤	ㅎ	무성연구개마찰음
Цц	체	ㅊ	무성치조파찰음
Чч	체	취	무성경구개치조파찰음
Шш	이쉬	쉬	무성경구개마찰음

현대몽골어의 음소분류와 발음

용례	표기	의미
байгаль	바이갈	자연
валют	왈류트	외화
гааль	가:일	세관
давс	다우쓰	소금
журам	쪼름	규정
зарчим	자르침	원칙
кино	키노	영화
лам	람	스님
маргааш	마르가:쉬	내일
нөхөр	너허르	남편
паспорт	파쓰포르트	여권
рашаан	라샹:	약수
сонин	소닝	신문
түүх	투:흐	역사
фонд	폰드	기금
хүн	훙	사람
цаг	착	시간
чанар	챠너르	품질
шашин	샤슁	종교

회화

1. 인사

안녕하세요? (시간에 상관없이)
Сайн байна уу?
샘   밴: 오:

안녕하세요? (아침인사)
Өглөөний мэнд хүргэе.
어글러:니: 멘뜨   후르기:

안녕하세요? (점심인사)
Өдрийн мэнд хүргэе.
어드림: 멘뜨   후르기:

안녕하세요? (저녁인사)
Оройн мэнд хүргэе.
오로임: 멘뜨   후르기:

모두들 안녕하십니까?
Бүгдээрээ сайн байцгаана уу?
북데:레: 생: 배:츠간: 오:

하시는 일은 잘 되십니까?
Ажил тань тавлаг уу?
아찔탄   타울럭   오:

하시는 일은 어떻습니까?
Ажил төрөл ямар вэ?
아찔　　터럴　　야머르　웨?

건강하시지요?
Таны бие сайн уу?
타니:　비:　샌:　오:

건강하시지요? (극히 공손한 표현)
Таны бие лагшин тунгалаг уу?
타니:　비:　락싱　　통갈럭　오:

잘 다녀 오셨습니까?.
Сайн явж ирэв үү?
생:　야우찌　이럽　우:

먼 길에 피곤하셨습니까?
Аян замдаа ядрав уу?
아잉　잠다:　야드럽　우:

전혀 피곤하지 않았습니다. 잘 왔습니다.
Огт ядарсангүй. Сайн явж ирлээ.
옥트　야더르썬구이,　생:　야우찌　이를레:

어서 오십시오.
Тавтай морилно уу.
탑태:　　모릴른　　오:

안녕히 가십시오.
Сайн яваарай.
생:　　야와:래:

안녕히 계십시오.
Сайн сууж байгаарай.
  생: 소:찌   배가:래:

즐거웠습니다.
Сайхан байлаа.
  새:헝   밸:라:

편히 쉬십시오.
Сайхан амраарай.
  새:헝   아므라:래:

편히 주무십시오.
Сайхан нойрсоорой.
  새:헝   노이르소:뢰

또 뵙겠습니다.
Баяртай.
  바이르태:

모든 분께 안부 전하여 주세요.
Цөмөөрөнд нь мэнд дамжуулаарай.
  처머:런든   멘드   담쫄:라:래:

어머님께 안부전해주세요.
Ээждээ мэнд хүргээрэй.
  에:찌떼: 멘드   후르게:레:

다음에 뵙겠습니다.
Дараа уулзъя.
  다라: 올:지:

인사

만나 뵙게되어 기쁩니다.
Тантай уулзсандаа баяртай байна.
   탄태: 올:즈썬다: 바이르태: 밴:

2. 축하 및 기원

축하합니다.
Баярын мэнд хүргэе!
바이링: 멘드 후르기:

생일축하합니다.
Төрсөн өдрийн мэнд хүргэе!
터르썽 어더링: 멘드 후르기:

졸업을 축하합니다.
Сургуулиа төгссөнд тань баяр хүргэе!
소르골리아 턱스썬뜨탄 바이르 후르기:

결혼을 축하합니다.
Гэрлэсэнд тань баяр хүргэе!
게를썬뜨탄 바이르 후르기:

당신의 행복을 기원합니다.
Танд аз жаргал хүсэн ерөөе!
탄뜨 아즈 짜르갈 후썽 여러:이

하시는 모든 일이 잘되기를 바랍니다.
Ажил үйлс бүхэнтань бүтэмжтэй
아찔　우일쓰　　　부흥탄　　부텀지테:

байх болтугай!
배:흐　볼토개:

뜻하시는 모든 일이 이루어지기를!
Таны санасан бүхэн чинь сэтгэлчлэн
타니:　산쌩　　　부헝친　　세트걸칠렁

бүтэх болтугай!
부터흐　볼토개:

당신께 가장 좋은 일만 일어나기를 기원합니다.
Танд хамгийн сайн сайхныг хүсэн
탄뜨　함깅:　생:　새:허닉:　후쌩

ерөөе!
여러:이

새해 복 많이 받으세요.
Шинэ жилийн мэнд хүргэе!
쉰　　찔링:　　멘뜨　후르기:

즐거운 휴일을 보내십시오.
Сайхан баярлаарай!
새:헝　　바이럴라:레:

축하 및 기원

여행 잘 하십시오.
Аян замдаа сайн яваарай!
아잉 잠다: 생: 야와:래:

빨리 병석에서 일어나시기를 기원합니다.
Танд хурдан эдгэрэхийг хүсье!
탄뜨 호르떵 에뜨거러힉: 후씨:

당신께 건강을 기원합니다.
Танд эрүүл энх байхыг хүсэн ерөөе!
탄뜨 에를: 엥호 배:힉: 후썽 여러:이

당신께 성공을 기원합니다.
Танд амжилт хүсье!
탄뜨 암찔트 후씨:

축하 및 기원

필수어휘

축제	наадам	나:덤
결혼, 혼례	хурим	호림
설	цагаан сар	차강: 사르
생일	төрсөн өдөр	터르썬 어더르
졸업식	хонхны баяр	홍흐니: 바이르
집들이	шинэ гэрийн найр	쉰 게링: 내:르
유아 삭발식	хүүхдийн үс авах найр	후:흐띵: 우쓰 아워흐 내:르
여성의 날	эмэгтэйчүүдийн баяр	에멕테추:띵: 바이르
군인의 날	цэргийн баяр	체르깅: 바이르
모자의 날	эх үрсийн баяр	에흐 우르씽: 바이르
석가탄신일	бурхан багшийн мэндэлсэн өдөр	보르헝 박쉼: 멘덜썬 어더르

축하 및 기원

3. 감사 및 사과

고맙습니다.
Баярлалаа.
바이를라:

대단히 고맙습니다.
Ёстой их баярлалаа.
요스퇴 이흐 바이를라:

천만에요. (윗 문장에 대한 대답)
Зүгээр, Зүгээр.
주게:르, 주게:르

환대해주셔서 고맙습니다.
Элэгсэг дотно хүлээн авсанд баярлалаа.
엘럭석   도튼 훌렝   압쌘드   바이를라:

덕분에 모든 일이 잘 되었습니다.
Таны ачаар хамаг хэрэг бүтлээ.
타니: 아차:르 하먹 헤럭 부틀레:

진심으로 감사드립니다.
Чин сэтгэлээсээ баярлалаа.
친   세트걸레:쎄: 바이를라:

도와주셔서 고맙습니다.
Та их тус боллоо.
타 이흐 토쓰 볼로:

융숭한 대접을 받았습니다.
Сайхан зочлууллаа.
새:헝 조칠롤:라:

정말 미안합니다.
Ёстой уучлаарай.
요스퇴: 오:칠라:래

용서하십시오.
Өршөөгөөрэй.
어르셔:거:레

이제 어떻게 해야 할까?
Одоо яадаг билээ!
오또: 야:덕 빌레:

어쩌나?
Яанаа!
야:나:

유감스럽게 되었습니다.
Муухай юм боллоо.
모:해 욤 볼로:

오해하신 것 같습니다.
Та буруу ойлгочих шиг боллоо.
타 보로: 오일거치흐 쉭 볼로:

일이 이렇게 되리라고는 예상하지 못했습니다.
Би ийм юм болно гэж бодсонгүй.
비　　임:　　욤　　볼런　　게찌　　보드썽구이

저는 원래 그런 생각이 아니었습니다.
Би уг нь тэгж бодоогүй юм.
비　오근　　테그찌　　보도:구이　욤

저에게 유감이 있으시진 않겠죠?
Та надад юм санаагүй биз дээ.
타　나더뜨　욤　　사나:구이　비즈　데:

저의 잘못입니다.
Миний л буруу боллоо.
미니:일　　보로:　볼로:

아무 것도 아닙니다. 신경쓰지 마세요
Тэр юу ч биш. Санаа зовох хэрэггүй.
테르　요:　치　비쉬.　사나:　조워흐　헤럭구이

볼썽사납게 되었습니다.
Эвгүй юм боллоо.
에우구이　욤　볼로:

방해가 되었습니다. 죄송합니다.
Саад боллоо. Уучлаарай.
사:뜨　볼로:　　오:칠라:래

폐를 끼쳐 죄송합니다.
Төвөг учруулсанд уучлаарай.
터웍　　오치롤:썬드　　오:칠라:래

4. 유감

무척 유감스럽습니다.
Тун харамсалтай байна.
_{통　　하람설태:　　밴:}

참 안됐군요.
Бэрх юм болжээ.
_{베르흐　욤　볼쩨:}

이런 일이 생기게 되어 매우 유감스럽습니다.
Ийм юм тохиолдсонд маш их
_{임:　욤　토히얼드썬드　마쉬　이흐}

харамсаж байна.
_{하람서찌　밴:}

제 마음이 무척 아픕니다.
Би нэн их гашуудаж байна.
_{비　넹　이흐　가쇼:더찌　밴:}

그런 소식을 듣게되어 슬픕니다.
Сонсоод л өрөвдөж байна.
_{손소:뜰　　어럽더찌　밴:}

심심한 조의를 표하는 바입니다.
Гүн эмгэнэлээ илэрхийлье.
궁   엠거널레: 일러르힐:리:

눈물을 거두십시오.
Уйлаад яах вэ!
오일라:뜨 야흐 웨

무척 걱정스럽습니다.
Миний санаа их зовж байна.
미니: 사나: 이흐 조우찌 밴:

염려하지 마십시오.
Битгий санаа зов.
비트기: 사나: 조우

당황해할 필요는 없습니다.
Сандрах хэрэггүй.
산드러흐   헤럭구이

이것은 하찮은 것에 불과합니다.
Энэ юу ч биш.
엔 요 치 비쉬

5. 소개

자, 서로 알고 지냅시다.
За танилцъя.
자,　　타닐치:

제 소개를 먼저 하겠습니다.
Би эхлээд өөрийгөө танилцуулъя.
비　에흘레:드　　어:리:거:　　　타닐출:리:

제 이름은 김 철수입니다.
Миний нэрийг Ким Чол Су гэдэг.
미니:　네릭:　　김　철　수　게덕

저를 그냥 철수라고 부르십시오.
Та намайг зүгээр л Чол Су гэхэд
타　나맥:　주게:르　　철　수　게허뜨
болно.
볼런

당신의 성함은 무엇입니까?
Таны алдар нэр хэн бэ?
타니:　알떠르 네르 헴 베

뵙게 되어 기쁩니다
Танилцсандаа баярлаж байна.
타닐츠썬다: 바이를러찌 밴:

저는 당신에 관하여 이야기를 많이 들었습니다.
Би таны тухай их сонссон.
비 타니: 토해: 이흐 손스썽

우리는 한 번 만난 적이 있지 않습니까?
Та бид хоёр нэг удаа уулзаж байсан шүү дээ.
타 비뜨 호요르 넥 오다: 올:저찌 배:썽
슈: 데:

당신은 어느 나라에서 오셨습니까?
Та ямар улсаас ирсэн бэ?
타 야머르 올싸:스 이르썸 베

당신은 한국인입니까?
Та солонгос хүн үү?
타 솔렁고쓰 훈 우:

네, 나는 한국인입니다.
Тийм, би солонгос хүн.
팀: 비 솔렁고쓰 훙

나는 한국에서 왔습니다.
Би Солонгосоос ирсэн.
비 솔렁고쏘:스 이르썽

몽골에는 처음으로 왔습니다.
Би Монголд анх удаа ирсэн.
_{비   몽골뜨   앙호   오다: 이르쎙}

당신의 친구에게 나를 소개시켜 주십시오.
Намайг найзтайгаа танилцуулж
_{나맥: 내:즈태:가: 타닐촐:찌}

өгөөрэй.
_{어거:레:}

알고 지내게 되어 매우 즐겁습니다.
Танилцсандаа тун таатай байна.
_{타닐츠썬다: 통   타:태: 밴:}

이렇게 사귀게 되어 기쁩니다.
За, Сайхан танилцлаа.
_{자   새:헝   타닐출라:}

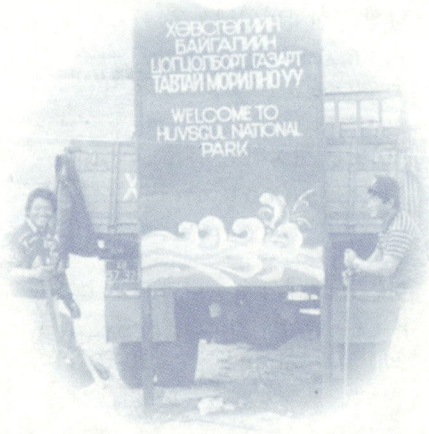

필수어휘

한국	Өмнөд Солонгос	엄너뜨 솔렁고쓰
북한	Хойд Солонгос	호이뜨 솔렁고쓰
일본	Япон	야폰
중국	Хятад	햐터뜨
미국	Америк	아메리크
러시아	Орос	오로쓰
영국	Англи	앙글
독일	Герман	게르먼
프랑스	Франц	프란츠
이탈리아	Итали	이탈리
포르투갈	Португал	포르투갈
스페인	Испани	이스판
캐나다	Канад	카나드
터어키	Турк	투르크
인도	Энэтхэг	이네트헉
유럽	Европ	유롭
스위스	Швейцар	슈웨이차르
스웨덴	Швед	슈웨드
홍콩	Гонконг	공콩
도쿄	Токио	토쿄
북경	Бээжин	베:찡
워싱턴	Вашингтон	와싱턴

6. 가족

당신은 결혼하셨습니까?
Та гэрлэсэн үү?
타   게를쎈   우:

예, 결혼했습니다.
Тиймээ, Би гэрлэсэн.
티:메: 비   게를썽

아니오, 결혼하지 않았습니다. 독신입니다.
Үгүй, Би гэрлээгүй.
우구이,   비   게를레:구이

Ганцаараа амьдардаг.
간차:라: 엠더르덕

당신은 아내가 있습니까?
Та эхнэртэй юу?
타   에흐너르테: 요:

당신은 남편이 있습니까?
Та нөхөртэй юу?
타   너허르테: 요:

가족은 모두 몇 분이나 됩니까?
Танайх чинь ам бүл хэдүүлээ вэ?
　　타내:흐친　　암　불　　헤둘:레:　웨

우리가족은 넷입니다.
Манайх дөрвүүлээ.
　　마내:흐　　더르울:레:

당신네 가족은 누구 누구입니까?
Танайд хэн хэн байдаг вэ?
　타내:뜨　헹　헹　배:덕　웨

나에게는 아내와 두 아이가 있습니다.
Би эхнэр, хоёр хүүхэдтэйгээ байдаг.
비　에흐너르　호요르　후:헫테:게:　　배:덕

당신의 아이들은 몇 살입니까?
Таны хүүхдүүд хэдэн настай вэ?
타니:　후:흐두:뜨　헤덩　나스태:　웨

아들은 스물 셋, 딸은 열 아홉 살입니다.
Хүү маань хорин гуравтай,
　후:만:　　호링　고랍태:

Охин маань арван естэй.
　오흥만:　　아르웡　유스퇴:

당신은 몇 살입니까?
Та хэдэн настай вэ?
타　헤덩　나스태:　웨

가족

저는 50살입니다.
Би тавин настай.
비 태윙 나스태:

당신은 나이보다 젊어 보입니다.
Та наснаасаа залуу харагдаж байна.
타 나쓰나:싸: 잘로: 하럭더찌 밴:

당신은 젊어보이는 군요.
Та овор багатай юм.
타 오워르 박태: 욤

형제들은 몇입니까?
Ах дүү хэдүүлээ вэ?
아흐 두: 헤둘:레: 웨

형 한 명과 여동생 둘이 있습니다.
Нэг ах, хоёр эмэгтэй дүүтэй.
넥 아흐 호요르 에먹테: 두:테:

필수어휘

아버지	аав	아:우
어머니	ээж	에:찌
할아버지	өвөө	어워:
할머니	эмээ	에메:
남편	нөхөр	너허르
아내	эхнэр	에흐너르
자식	хүүхэд	후:허드
아들	хүү	후:
딸	охин	오힝
손자	ач хүү	아치 후:
손녀	ач охин	아치 오힝
외손자	зээ хүү	제: 후:
외손녀	зээ охин	제: 오힝
형, 오빠	ах	아흐
누나, 언니	эгч	엑치
남동생	эрэгтэй дүү	에럭테: 두:
여동생	эмэгтэй дүү	에먹테: 두:
친척	төрөл садан	터럴 사떵
사촌	үеэл	우일:
숙부	авга	아욱
외숙	нагац	나거츠
형수, 올케	бэргэн	베르겅

가족

장인, 시아버지	хадам аав	하떰 아:우
장모, 시어머니	хадам ээж	하떰 에:쩨
사위	хүргэн хүү	후르겅 후:
매형, 형부	хүргэн ах	후르겅 아흐
매제, 제부	хүргэн дүү	후르겅 두:
며느리	бэр	베르
신부	сүйт бүсгүй	수이트 부쓰구이
가족	ам бүл	암 불
혼인증명서	гэрлэлтийн баталгаа	게를럴팅: 바털가:
혼인신고	гэрлэлтээ бүртгүүлэх	게를럴테: 부르트굴러흐
결혼식	хуримын ёслол	호리밍: 요쓸럴

가족

7. 직업 및 학력

당신은 무슨 일을 하십니까?
Та ямар ажил хийдэг вэ?
타 야머르 아찔 히:덕 웨

당신의 전공은 무엇입니까?
Та ямар мэргэжилтэй вэ?
타 야머르 메륵찔테: 웨

나는 대학생입니다.
Би оюутан.
비 오요:텅

나는 사업가입니다.
Би бизнес эрхэлдэг.
비 비즈니쓰 에르헐떡

나는 자영업을 하고 있습니다.
Би хувийн аж ахуй эрхэлдэг.
비 호윙: 아찌 아호이 에르헐떡

당신은 어떤 일에 종사하고 있습니까.
Та ямар ажил эрхэлдэг вэ?
타 야머르 아찔 에르헐떡 웨

당신의 부인은 어디에서 일을 하십니까?
Таны эхнэр хаана ажилладаг вэ?
_{타니: 에흐너르 한: 아찔떡 웨}

일주일에 몇 일 근무합니까?
Долоо хоногт хэдэн өдөр ажилладаг вэ?
_{돌로: 호넉트 헤덩 어더르 아찔떡 웨}

일주일에 5일 근무합니다.
Долоо хоногт таван өдөр ажилладаг.
_{돌로: 호넉트 타웡 어더르 아찔떡}

몇시에서 몇 시 까지 근무합니까?
Хэдэн цагаас хэдэн цаг хүртэл
_{헤덩 차가:쓰 헤덩 착 후르털}

ажилладаг вэ?
_{아찔떡 웨}

아침 여덟시에서 오후 다섯시까지 근무합니다.
Өглөө найман цагаас оройн таван
_{어글러: 내먼 차가:쓰 오로잉 타웡}

цаг хүртэл ажилладаг.
_{착 후르털 아찔떡}

당신의 학력은 어떻게 됩니까?
Та ямар боловсролтой вэ?
_{타 야머르 볼롭쓰롤퇴: 웨}

저는 10년제 중등교육을 받았습니다.
Би арван жилийн боловсролтой.
비　　아르웡　　　찔링:　　　　볼롭쓰롤퇴:

저는 전문학교를 끝마쳤습니다.
Би мэргэжлийн дунд сургууль
비　　메륵찔링:　　돈뜨　　소르골

дүүргэсэн.
두:륵썬

당신은 대학에서 무엇을 전공하셨습니까?
Та их сургуулийг ямар мэргэжилээр
타　이흐　　소르골:릭:　야머르　　메륵찔레:르

төгссөн бэ?
턱쓰썬　　베

당신은 학위가 있습니까?
Та эрдмийн зэрэгтэй юү?
타　　에르떠밍:　　제럭테:　유:

저는 석사학위가 있습니다.
Би дэд докторын зэрэгтэй.
비　뎉　　　독터링:　　　제럭테:

현재 저는 박사학위논문을 쓰고있습니다.
Одоо би докторын диссертациа
오또　비　　　독터링:　　　디쎄르타치아

бичиж байна.
비치찌　　밴:

직업 및 학력

43

저는 정년퇴직을 했습니다.

Би тэттэвэрт гарсан.

비   테트거워르트   가르썽

필수어휘

노동자	ажилчин	아찔칭
기계공	механик	메허닉
점원	худалдагч	호덜덕치
웨이터	үйлчлэгч	우일칠럭치
상인	наймаачин	내:마:칭
사무원	ажилтан	아찔텅
공무원	албан хаагч	알벙 학:치
기술자	инженер	인찌니르
건축가	барилгачин	바릴럭칭
운전사	жолооч	쫄로:치
학자	эрдэмтэн	에르뗌텅
교수	профессор	프러피써르
연구원	судлаач	소들라:치
선생	багш	박쉬
대학생	оюутан	오요:텅
학생	сурагч	소럭치
의사	эмч	엠치
간호사	сувилагч	소윌럭치
경찰관	цагдаа	착다:

직업 및 학력

군인	цэргийн хүн	체르깅: 훙
정치인	улс төрч	올쓰 터러치
국회의원	их хурлын гишүүн	이흐 호를링: 기슝:
법률가	хуульч	호:일치
저널리스트	сэтгүүлч	쎄트굴:치
신문기자	сонины сурвалжлагч	소니니: 소르월찔럭치
작가	зохиолч	조히얼치
시인	яруу найрагч	야로: 내:럭치
음악가	хөгжимчин	헉찜칭
가수	дуучин	도:칭
무용가	бүжигчин	부찍칭
연기자	жүжигчин	쭈찍칭
화가	зураач	조라:치
사진가	гэрэл зурагчин	게럴 조럭칭
목민	малчин	말칭
가정주부	гэрийн эзэгтэй	게링: 에적테:
실업자	ажилгүй хүн	아찔구이 훙
지식인	сэхээтэн	세헤:텅

직업 및 학력

8. 요청

부탁 좀 드리겠습니다.
Танаас нэг юм гуйя.
타나:쓰 넥 윰 고이:

저를 좀 도와주시지 않겠습니까?
Та надад нэг тусална уу?
타 나더뜨 넥 토썰런 요:

당신말고는 달리 부탁할 사람이 없습니다.
Танаас өөр гуйх хүн алга.
타나:쓰 어:르 고이흐 훙 알럭

내가 할 수 있는 일이라면 도와드리겠습니다.
Би чадах л юм бол тусалъя.
비 차떠흘 윰 볼 토썰리:

그것을 저에게 보여 주세요.
Тэрнийг надад үзүүлээч.
테르닉: 나더뜨 우쭐:레:치

다시 한 번 더 말씀해 주십시오.
Та дахиад нэг хэлж өгөөч!
타 다히아뜨 넥 헬찌 어거치:

좀 크게 말씀해 주십시오.
Та жаахан чангахан хэл дээ!
타 짜:헝 창거헝 헬 데:

그것을 좀 가져다 주십시오.
Наадахыгаа аваад өгөөч!
나:따히:가: 아와:드 어거:치

저를 꼭 좀 도와 주세요.
Та надад нэг туслаарай, за юу?
타 나더뜨 넥 토쓸라:래: 자 요:

좀 기다려 주세요.
Та жаахан байзнаарай.
타 짜:헝 배즈나:래:

질문 하나 하겠습니다.
Танаас нэг юм асууя.
타나:쓰 넥 욤 아소:이

이제 가도 됩니까?
Би одоо явж болох уу?
비 오또 야우찌 볼러 호:

저를 조금만 기다리지 않겠습니까?
Та намайг жаахан хүлээж байхгүй юу?
타 나맥: 짜:헝 훌레:찌 어그흐꾸이 요:

저를 그곳에 데려다 주십시오.
Та намайг тэнд хүргэж өгнө үү.
타 나맥: 텐뜨 후르거찌 어근 우:

요청

잊지 마십시오.
Та битгий мартаарай!
 타   비트기: 마르타:래

내 말 좀 들어다오.
Чи зөвшөөрчих л дөө.
 치   접셔:르치흘   ㄹ   떠:

나는 백퍼센트 지지합니다.
Би зуун хувь дэмжиж байна.
 비   종: 호윕   뎀지찌   밴:

요청

9. 의사소통

당신의 모국어는 무엇입니까?
Таны төрөлх хэл?
타니: 터럴흐 헬

나의 모국어는 한국어입니다.
Миний төрөлх хэл солонгос хэл.
미니: 터럴흐 헬 솔렁고쓰 헬

당신은 어떤 외국어를 아십니까?
Та ямар ямар гадаад хэл мэдэх вэ?
타 야머르 야머르 가다:뜨 헬 메떠흐 웨

저는 영어, 불어, 러시아어를 압니다.
Би англи, франц, орос хэл мэднэ.
비 앙글 프란츠 오로쓰 헬 메든

당신은 어떤 언어를 할 수 있습니까?
Та ямар хэлээр ярьдаг вэ?
타 야머르 헬레:르 야리떡 웨

당신은 영어를 할 줄 아십니까?
Та англи хэлээр ярьдаг уу?
타 앙글 헬레:르 야리떡 오:

저는 영어를 조금 합니다.
Би англи хэлээр бага зэрэг ярьдаг.
비　　앙글리　　헬레:르　　박　　제럭　　야리떡

저는 몽골어를 못합니다.
Би монголоор ярьж чадахгүй.
비　　몽골로:르　　야리찌　　차떠흐꾸이

잘 알아듣지 못했습니다.
Би сайн ойлгохгүй байна.
비　　생:　　오일고흐꾸이　　밴:

좀 더 천천히 말씀해 주십시오.
Та арай удаан хэлж өгөөч.
타　　아래:　　오땅:　　헬찌　　어거:치

좀 더 분명하게 말해 주십시오.
Та жаахан тод хэл дээ.
타　　짜:헝　　토뜨　　헬　　떼:

여기 한국어 하시는 분 안 계십니까?
Танай энд солонгос хэлтэй хүн
　타내:　　엔드　　솔렁고쏘　　헬테:　　훙
байна уу?
　밴:　　오:

이해하시겠습니까?
Та ойлгосон уу?
타　　오일거썬　　오:

알겠습니다. 잘 이해하겠습니다.
Ойлголоо. Сайн ойлголоо.
   오일로걸로: 생: 오일로걸로:

미안합니다만 전혀 이해하지 못했습니다.
Уучлаарай, Ерөөсөө ойлгосонгүй.
  오:칠라:래: 여:러:써: 오일거썬구이

이해가 되지 않는다구요?
Ойлгохгүй байна гэж үү?
  오일거흐꾸이   밴: 게쭈:

이말은 무슨 뜻입니까?
Энэ ямар утгатай үг вэ?
  엔 아머르   오턱태: 욱 웨

이것을 몽골어로 무엇이라고 합니까?
Үүнийг монголоор юу гэдэг юм бэ?
  우:닉: 몽골로:르   요   게덕 욤 베

그것을 좀 적어 주시지 않겠습니까?
Та тэрнийгээ бичээд өгөхгүй юу?
 타   테르니:게: 비체:드   어거흐꾸이 요:

당신의 집 전화번호를 가르쳐 주십시오.
Та гэрийнхээ утасны дугаарыг хэлж
 타   게링:헤: 오터쓰니: 도가:릭: 헬찌

өгөхгүй юу?
 어거흐꾸이   요:

의사소통

10. 감정 및 의사표현

나는 진정으로 무척 기쁩니다.
Би ёстой их баяртай байна.
비 요스퇴: 이흐 바이르태: 밴:

나는 기분이 아주 좋습니다.
Миний сэтгэл маш их өндөр байна.
미니: 쎄트걸 마쉬 이흐 언더르 밴:

나는 만족스럽습니다.
Миний сэтгэл хангалуун байна.
미니: 쎄트걸 항걸롱: 밴:

나는 기분이 썩 좋지 않습니다.
Миний сэтгэл нэг л дундуур байна.
미니: 쎄트걸 네글 돈또:르 밴:

예상했던 것보다는 못하군요.
Санасанд хүрсэнгүй.
산썬드 후르썽구이

에이, 그만둡시다.
Яршиг, яршиг. Ерөөсөө болъё.
야르쉭 야르쉭 유러:써: 볼리:

나를 가만 내버려두세요.
Намайг тайван байлгаад өгөөч!
나맥: 태:왕 밸:가:드 어거:치

나는 화가 납니다.
Миний уур хүрч байна.
미니: 오:르 후르치 밴:

나는 불쾌합니다.
Миний дургүй хүрч байна.
미니: 도르구이 후르치 밴:

제 마음이 불편합니다.
Надад их эвгүй байна.
나더뜨 이흐 에우구이 밴:

나는 두렵습니다.
Би их айж байна.
비 이흐 애:찌 밴:

나는 바쁩니다.
Би яарч байна.
비 야:르치 밴:

나는 춥습니다.
Би даарч байна.
비 다:르치 밴:

나는 배가 고픕니다.
Би өлсөж байна.
비 얼서찌 밴:

나는 피곤합니다.
Би ядарч байна.
비　야더르치　밴:

나는 목이 마릅니다.
Би цангаж байна.
비　창거찌　밴:

나는 졸립니다.
Миний нойр хүрээд байна.
미니:　노이르　후레:드　밴:

정말 좋군요!
Яасан гоё юм бэ!
야:썽　고이　욤　베

정말 나쁘군요!
Яасан муухай юм бэ!
야:썽　모:해:　욤　베

정말 이상하군요!
Яасан хачин юм бэ!
야:썽　하칭　욤　베

정말 무섭군요!
Яасан айхавтар юм бэ!
야:썽　애:헙터르　욤　베

정말 재미있군요!
Ямар сонин юм бэ!
야머르　소닝　욤　베

굉장히 당황했습니다.
Их сандарлаа.
이흐   산더를라:

큰일 날 뻔했습니다.
Сүйд болох шахлаа.
수이뜨   볼러흐   샤흘라:

정말 창피하구나!
Яасан ичмээр юм бэ!
야:썽   이치메:르   욤   베

창피한 줄 알아라!
Ичээч!
이체:치

창피해 죽을뻔 했어요.
Ичиж үхэх шахлаа.
이치찌   우허흐   샤흘라:

감정 및 의사 표현

11. 비행기 안에서

승무원! 좀 도와 주세요!
Үйлчлэгч ээ! Надад туслаач!
우일칠럭체: 나더뜨 토쓸라:치

자리를 바꾸어 앉고 싶습니다.
Би суудлаа сольж суумаар байна.
비 소:들라: 솔찌 소:마:르 밴:

울란바타르까지 몇 시간을 비행합니까?
Улаанбаатар хүртэл хэдэн цаг нисэх вэ?
올란:바:타르 후르털 헤덩 착 니쎄흐 웨

안전벨트를 착용하십시오.
Хамгаалалтын бүсээ бүслээрэй.
함갈:럴팅: 부쎄: 부쓸레:레:

여러분 잠시만 좌석에 앉아 계십시오.
Та бүхэн суудалдаа түр сууж байгаарай.
타 부헝 소:덜따: 투르 소:찌 배:가:래:

무엇을 마시겠습니까?
Та юу уух вэ?
타 요: 오:흐 웨

물 한 잔 주세요.
Цэвэр ус ууя.
체웨르 오쓰 오:이

괜찮습니다. 저는 안 마시겠습니다.
Зүгээр, Би юм уухгүй.
주게:르   비 욤   오:흐꾸이

어지럽고 멀미가 납니다.
Толгой эргэж, бөөлжис хүрч байна.
톨고이   에르거찌,   벌:찌쓰   후르치   밴:

귀가 멍멍합니다.
Чих шуугиад байна.
치흐 쇼:기아뜨   밴:

약이 있습니까?
Эм байна уу?
엠   밴: 오:

베게와 담요를 가져다 주세요.
Дэр, бүтээлэг авчирч өгөөч.
데르 부텔:럭   압치르치   어거:치

좀 춥습니다.
Би жаахан даарч байна.
비   짜:헝   다:르치   밴:

속이 좋지 않습니다.
Дотор муу байна.
도터르   모: 밴:

화장실은 어디입니까?
Бие засах газар хаана байна вэ?
비: 자쓰흐 가저르 한: 밴: 웨

지금 사용중입니까?
Одоо хүнтэй юу?
오또 훈테: 요:

흡연금지입니다.
Тамхи татаж болохгүй!
타미흐 타터찌 볼러흐꾸이

머리가 아픕니다.
Толгой өвдөж байна.
톨고이 업더찌 밴:

저에게 두통약을 좀 주십시오.
Надад толгойны эм өгөөч.
나더뜨 톨고이니 엠 어거:치

닭고기를 드시겠습니까? 쇠고기를 드시겠습니까?
Тахианы мах идэх үү?
타히아니: 마흐 이떠 후

Үхрийн мах идэх үү?
우흐링: 마흐: 이떠 후:

닭고기를 먹겠습니다.
Тахианы мах идьe.
타이아니: 마흐 이띠:

58

소고기를 먹겠습니다.
Үхрийн мах идье.
우흐링: 마흐 이띠:

적포도주를 드시겠습니까?
백포도주를 드시겠습니까?
Та улаан дарс уух уу?
타 올랑: 다르쓰 오: 호:

Цагаан дарс уух уу?
차강: 다르쓰 오: 호:

백포도주를 마시겠습니다.
Цагаан дарсууя.
차강: 다르쓰 오:이:

필수어휘

조종사	нисгэгч	니쓰걱치
스튜어디스	нисэх онгоцны үйлчлэгч	니쓰흐 옹거츠니: 우일칠럭치
탑승객	зорчигч	조르칙치
화물	ачаа тээш	아차: 테:쉬
핸드캐리	гар тээш	가르 테:쉬
공항세	такс	탁쓰
프로펠러	сэнс	쎈쓰
계단	шат	샤트
산소	хүчил төрөгч	후칠 터럭치

비행기 안에서

구명조끼	аврах цамц	아우러흐 참츠
비상구	аврах хаалга	아우러흐 할:럭
공항	нисэх онгоцны буудал	니쓰흐 옹거츠니: 보:덜
헬리콥터	нисдэг тэрэг	니쓰덕 테럭
제트기	тийрэлтэт онгоц	티:럴터트 옹거츠
폭격기	бөмбөгдөгч онгоц	범벅떡치 옹거츠
공군	нисэх хүчин	니쓰흐 후칭
이륙	онгоц хөөрөх	옹거츠 허:러흐
착륙	буух	보:흐
비행 고도유지	өндөр авах	언더르 아워흐
통신두절	холбоо тасрах	홀보: 타쓰러흐
비행기 사고	нисэх онгоцны осол	니쓰흐 옹거츠니: 오썰
비행기 납치	нисэх онгоц булаах	니쓰흐 옹거츠 볼라:흐

비행기 안에서

12. 세관

여권을 보여 주시겠습니까?
Та паспортоо үзүүлнэ үү.
타 파쓰포르토: 우쭐:런 우:

예, 여기있습니다. 이것은 저의 여권입니다.
За, май. Энэ миний паспорт.
자 매: 엔 미니: 파쓰포르트

몽골에는 무슨 목적으로 오셨습니까?
Та Монголд ямар зорилгоор ирсэн бэ?
타 몽골뜨 야머르 조릴로고:르 이르쎈 베

관광차 왔습니다.
Жуулчлалаар ирсэн.
쫄:칠럴라:르 이르쎙

휴가차 왔습니다.
Амралтаар ирсэн.
아머럴타:르 이르쎙

사업차 왔습니다.
Ажлаар ирсэн.
아찔라:르 이르쎙

친구의 초청으로 왔습니다.
Найзынхаа урилгаар ирсэн.
  내:징:하: 오릴러가:르   이르썽

몽골에 얼마 동안 체류하실 예정입니까?
Та Монголд хэр зэрэг удах вэ?
  타   몽골뜨   히르   제럭   오떠흐   웨

일주일간 체류할 예정입니다.
Нэг долоо хоног байх санаатай байна.
  넥   돌로: 호녹   배:흐   사나:태: 밴:

세관신고를 해야 할 물건이 있습니까?
Танд мэдүүлэгт бичих шаардлагатай
  탄뜨   메뚤:럭트   비치흐   샤:르들럭태
бараа бий юу?
  바라: 비: 요:

전혀 없습니다.
Юу ч байхгүй.
  요: 치   배:흐꾸이

여기에는 무엇이 들어있습니까?
Энд юу байгаа юм бэ?
  엔뜨   요: 배:가: 욤: 베

저에게는 가족들에게 주려고 구입한 기념품 몇 개가 있습니다.
Надад гэрийнхэндээ л авсан хэдэн
  나더뜨   게링:헌델: 압썽   헤덩
бэлэг дурсгалын зүйл байгаа.
  벨럭   도르쓰걸링: 주일   배:가:

당신의 짐은 몇 개입니까?
Та хэдэн ширхэг ачаатай юм бэ?
타　　헤덩　　쉬르헉　　아차:태:　욤　베

당신의 짐은 어느 것입니까?
Таны ачаа аль юм бэ?
타니:　아차:　앨　욤　베

저의 짐은 이것입니다.
Миний ачаа энэ.
미니:　아차:　엔

금지품목은 소지하지 않았겠지요?
Хориотой зүйл байхгүй биз?
호리오퇴:　주일　배:흐꾸이　비쯔

아니오. 금지품목은 소지하지 않았습니다.
Үгүй, Хориотой зүйл байхгүй.
우구이　호리오퇴:　주일　배:흐꾸이

자, 트렁크 좀 열어 보시겠어요?
За, Чемоданаа онгойлго доо?
자　침다나:　옹고일록　도:

이것은 무엇입니까?
Энэ юу вэ?
엔　요:　웨

이것은 저의 개인용품입니다.
Энэ миний хэрэглэх зүйл ээ.
엔　미니:　헤러글러흐　주일레:

세관

이것은 친구에게 줄 선물입니다.
Энэ нь найздаа өгөх бэлэг.
엔은 내:즈따: 어거흐 벨럭

당신은 어디에서 묵을 예정입니까?
Та хаана буух вэ?
타 한: 보:흐 웨

칭기스호텔에 방을 예약해 놓았습니다.
'Чингис' зочид буудалд
칭기쓰 조치뜨 보:덜뜨

өрөө захиалсан.
어러: 자히알썽

세관신고서를 작성하십시오.
Та гаалийн мэдүүлэг бөглөнө үү.
타 가:일링: 메똘:럭 버글런 우:

이 문서를 작성하는데 저를 도와주십시오.
Та надад энэ хуудасыг бөглөхөд
타 나더뜨 엔 호:더씩: 버글러허뜨

тусална уу.
토썰런 오:

어디에 서명합니까?
Би хаана нь гарынхаа үсгийг зурах вэ?
비 한:은 가링:하: 우쓰긱: 조러흐 웨

 필수어휘

한국어	몽골어	발음
여권	паспорт	파쓰포르트
여권번호	паспортын дугаар	파쓰포르팅: 도가:르
비자	виз	위즈
성명	овог, нэр	오웍, 네르
성별	хүйс	후이쓰
남, 여	эр, эм	에르, 엠
국적	үндэстэн	운더쓰텅
출생지	төрсөн нутаг	터러썬 노턱
생년월일	төрсөн он, сар, өдөр	터르썬 옹, 사르, 어더르
직업	мэргэжил	메르찔
직위	албан тушаал	알벙 토샬:
직장	ажлын газар	아찔링 가자르
현주소	одоогийн хаяг	오또강: 하익
체류기간	байх хугацаа	배:흐 호거차:
여행목적	аялалын зорилго	아일럴링: 조릴록
서명	гарын үсэг	가링: 우썩
관세	гаалийн татвар	가:일링 타트워르
세관 신고서	гаалийн мэдүүлэг	가:일링 메둘:럭

세관

대사관	Элчин сайдын яам	엘칭 새:딩 얌:
세관원	гаалийн байцаагч	가일:링: 배:착:치
마약	мансууруулах бодис	만쏘:롤:러흐 보디쓰
아편	хар тамхи	하르 타미흐
폭발물	тэсэрч дэлбэрэх зүйл	테써러치 델버러흐 주일
총기류	галт зэвсэг	갈트 젭썩
금지약물	хориотой эм, тариа	호리오퇴: 엠 타리아
국경수비대	хилчин	힐칭
수의검역관	мал эмнэлэг ариун цэврийн байцаагч	말 엠널럭 아리옹 체워링: 배:착:치
탐색견	үнэрч нохой	우너르치 노호이
화물보관소	тээш хадгалах газар	테:쉬 하드걸러흐 가저르

세관

13. 호텔

미리 예약을 하셨습니까?
Та урьдчилж захиалгаа өгсөн үү?
타 오리떠칠찌 자히얼가: 억썬 우:

한 달전 여행사를 통해 예약했습니다.
Би сарын өмнө жуулчлалын пүүсээр
비 사링: 어믄 쭐:칠럴링: 푸:쎄:르

дамжуулан захиалга өгсөн.
담쫄:렁 자히얼럭 억썽

예약을 하고 싶습니다.
Би өрөө захиалмаар байна.
비 어러: 자히얼마:르 밴:

빈 방이 있습니까?
Танайд сул өрөө байна уу?
타내뜨 솔 어러: 밴: 오:

어떤 방을 원합니까?
Та ямар өрөө авах вэ?
타 야머르 어러: 아워흐 웨

2인용 트윈룸을 원합니다.
Хоёр хүний ортой өрөө авъя.
호여르   후니: 오르퇴: 어러: 아위:

방안에 에어콘과 샤워시설이 구비되어 있습니까?
Өрөөнд агааржуулагч, шүршүүр
어런:드   아가:르졸:럭치   슈르슈:르

бий юу?
비: 요:

방을 좀 보여주시겠습니까?
Би өрөөгөө үзэж болох уу?
비   어러:거: 우쩨찌   볼러   호:

몇 층에 있습니까?
Хэддүгээр давхарт вэ?
헤뚜게르   다우허르트   웨

몇 호실입니까?
Хэдэн номерийн хаалга вэ?
헤덩   노미에링: 할:럭   웨

이리로 오십시오. 이 방이 어떻습니까?
Наашаа ирээрэй. Энэ өрөө болох уу?
나:샤: 이레:레: 엔   어러: 볼러   호:

좋습니다. 이 방을 쓰겠습니다.
Болно. Би энэ өрөөг авъя.
볼런   비   엔   어럭: 아위:

이 방의 숙박비는 1박에 얼마입니까?

Энэ өрөө хоногт ямар үнэтэй вэ?
엔   어러: 호넉트   야머르   운테: 웨

숙박비에 아침식사가 포함되어있습니까?

Өглөөний хоолны үнэ
어글러:니: 홀:니: 운

байрны хөлсөнд ордог уу?
배:르니: 헐쓴드   오르덕   오:

좀 더 싼 방은 없습니까?

Арай хямдхан өрөө байна уу?
아래: 햠뜨헝   어러: 밴   오

다른 방은 없습니까?

Өөр өрөө байхгүй юу?
어:르   어러: 배:흐꾸이   요:

방이 너무 춥습니다.

Өрөө их хүйтэн байна.
어러: 이흐   후이텅   밴:

뜨거운 물을 주십시오.

Халуун ус авъя.
할롱: 오쓰   아위:

냉수를 주십시오.

Хүйтэн ус авъя.
후이텅   오쓰   아위:

몇 일이나 묵으실 예정입니까?

Та хэд хоног вэ?
타 헫 호너흐 웨

저는 3, 4일 정도 묵을 예정입니다.

Би гурав, дөрөв хоног санаатай байна.
비 고랍 더럽 호너흐 사나:태: 밴:

방열쇠를 받으십시오.

Өрөөний түлхүүрээ аваарай.
어러:니: 툴후:레: 아와:래:

열쇠는 카운터에 맡기십시오.

Түлхүүрээ жижүүр дээр орхиорой!
툴후:레: 찌쭈:르데:르 오르히오뢰:

트렁크를 방으로 좀 옮겨주십시오.

Чемоданыг минь өрөөнд хүргэж
침다닉:민 어런:드 후르거:찌

өгнө үү.
어근 우:

자, 고맙습니다.

За, Баярлалаа.
자 바이를라:

이것을 좀 보관해주십시오.

Үүнийг хадгалж өгнө үү.
우:닉: 하드걸찌 어근 우:

아침 7시에 깨워주십시오.
Намайг өглөө долоон цагт сэрээж
  나맥: 어글러: 돌론: 착트   쎄레:찌

өгнө үү.
어근 우:

셔츠를 세탁 맡길 수 있습니까?
Цамцаа угаалгаж болох уу?
  참차: 오갈:거찌   볼러 호:

이것을 세탁소에 맡기고 싶습니다.
Би үүнийг угаалганд өгмөөр байна.
 비   우:닉: 오갈:러건뜨   어거머:르   밴:

이 바지를 다림질 해주십시오.
Энэ өмдийг индүүдэж өгөөч.
 엔   엄띡: 인두:더찌   어거:치

언제면 다 됩니까?
Хэзээ бэлэн болох вэ?
  헤제: 벨렁   볼러흐   웨

열쇠를 깜빡 잊고 방안에 두고 나왔습니다.
Би түлхүүрээ өрөөндөө мартаад
 비   툴후:레: 어런:더: 마르타:뜨

орхичихож.
  오르히치흐찌

우리 방의 에어콘이 고장입니다.
Манай өрөөний агааржуулагч
마내: 어러:니: 아가:르쫄:럭치

эвдэрсэн байна.
엡더르썸 밴:

전혀 작동을 하지 않습니다.
Өрөөсөө ажиллахгүй байна.
여러:써: 아찔라흐꾸이 밴:

더운 물이 안 나옵니다.
Халуун ус гарахгүй байна.
할롱: 오쓰 가러흐꾸이 밴:

화장지가 필요합니다.
Надад жорлонгийн цаас хэрэгтэй байна.
나더뜨 쪼를롱깅: 차:쓰 헤렉테: 밴:

방 청소를 아직도 하지 않았습니다.
Миний өрөөг одоо болтол цэвэрлээгүй
미니: 어럭: 오또 볼털 체워를레:구이

байна.
밴:

룸메이드를 불러주십시오.
Үйлчлэгч дуудаж өгөөч.
우일칠럭치 도:더찌 어거:치

식당은 어디에 있습니까?
Хоолны өрөө хаана байна вэ?
홀:니: 어러: 한: 밴: 웨

우리는 방을 바꾸고 싶습니다.
Бид өрөөгөө солимоор байна.
비뜨   어러:거: 솔리모:르   밴:

이 옷들을 드라이크리닝 맡기고 싶습니다.
Би эдгээр хувцасыг хими
비   에뜨르   홉처씩: 힘

цэвэрлэгээнд өгмөөр байна.
체워를러겐:뜨   어거머:르   밴:

이 자국 좀 지워주시겠습니까?
Энэ толбыг та арилгаж чадах уу?
엔   톨빅: 타   아릴거찌   차떠   호

이 단추 좀 달아주십시오.
Энэ товчийг хадаад өгөөч.
엔   톱칙: 하다:뜨   어거:치

내일 아침에 돌려받을 수 있습니까?
Би үүнийг маргааш өглөө авч болох уу?
비   우:닉: 마르가:쉬   어글러: 압치   볼러   호:

우리는 지금 체크아웃을 하려고 합니다.
Бид одоо өрөөгөө сулална.
비뜨   오또   어러:거: 솔런

계산서 부탁합니다.
Тооцоо бэлэн болгож өгнө үү.
토:초: 벨렁   볼고찌   어근   우:

신용카드로 계산해도 됩니까?
Кредит картаар тооцоо хийж болох уу?
크레디트 카르타:르 토:초: 히:찌 볼러 호:

잔돈은 그냥 가지십시오.
Хариулт мөнгий нь та аваарай.
하리올트 멍긴: 타 아와:래:

짐을 로비에 그냥 두어도 괜찮습니까?
Ачаагаа үүдний танхимд орхиж болох уу?
아차:가 우:뜨니: 탕힘드 오르히찌 볼러 호:

포터를 불러주십시오.
Ачаа зөөгч, дуудаж өгөөч!
아차: 적:치 도:더찌 어거:치

택시를 한 대 불러주십시오.
Такси дуудаж өгөөч!
탁씨 도:더찌 어거:치

호텔에서 공항까지 버스가 다닙니까?
Зочид буудлаас нисэх онгоцны буудал хүртэл автобус явдаг уу?
조치뜨 보:들라:쓰 니쎄흐 옹거츠니: 보:덜 후르털 압토보쓰 압덕 오:

이 호텔에서 편히 지냈습니다. 안녕히 계십시오.
Танай энд би их тухтай байсан шүү.
　타내:　엔뜨　비　이흐　토흐태:　　　배:썽　슈:

За, Баяртай.
자　바이르태:

필수어휘

웨이터	үйлчлэгч	우일칠럭치
청구서	тооцооны хуудас	토:초:니: 호:더쓰
빈방	сул өрөө	솔 어러:
일인실	нэг хүний өрөө	넥 후니: 어러:
이인실	хоёр хүний өрөө	호요르 후니: 어러:
욕실	угаалгын өрөө	오갈:러깅: 어러:
샤워	шүршүүр	슈르슈:르
비누	саван	사웡
샴푸	шампунь	샴푼
치솔	шүдний сойз	슈뜨니: 소이쯔
치약	шүдний оо	슈뜨니: 오:
화장실	жорлон	쪼를롱

호텔

화장지	жорлонгийн цаас	쪼를롱깅: 차:쓰
디럭스룸	бүтэн люкс	부텅 룩쓰
세미디럭스룸	хагас люкс	하거쓰 룩쓰
스탠더드룸	энгийн өрөө	엥깅: 어러:
더블침대	хоёр хүний ор	호요르 후니: 오르
열쇠	түлхүүр	툴후:르
자물쇠	цоож	초:찌
창문	цонх	총흐
커튼	хөшиг	허쉭
의자	сандал	산덜
탁자	ширээ	쉬레:
승강기	лифт	림트
계단	шат	샤트
침대요	дэвсгэр	뎁쓰거르
베개	дэр	데르
시트	орны цагаан даавуу	오르니: 차강: 다:오:
이불	хөнжил	헌찔
잠옷	унтлагын хувцас	온틀러깅: 흡처쓰
재떨이	үнсний сав	운쓰니: 사우
휴지통	хогийн сав	호깅: 사우

호텔

드라이크리닝	хими цэвэрлэгээ	힘 체워를러게:
팁	гар цайлгах юм	가르 챌:거흐 음
호텔경영인	буудлын эрхлэгч	보:덜링: 에르흘럭치
호텔지배인	буудлын зохион байгууулагч	보:덜링: 조히옹 배골:럭치
도어맨	хаалгач	할:럭치
계산서	тооцооны хуудас	토:초:니: 호:더쓰

호텔

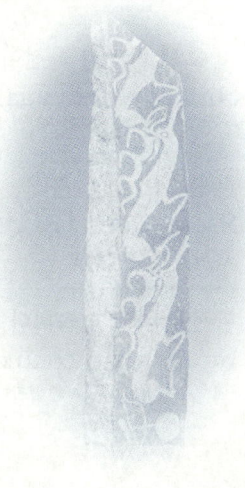

14. 환전

가까운 환전소는 어디에 있습니까?
Ойрхон мөнгө солих газар хаана
오이르헝   멍그   솔리흐   가저르   한:
байдаг вэ?
배:덕   웨

어디에서 환전할 수 있습니까?
Мөнгө хаана сольж болох вэ?
멍그   한: 솔찌   볼러흐   웨

이 호텔 안에서 환전이 됩니까?
Энэ зочид буудалд мөнгө солих уу?
엔   조치드   보:덜드   멍그   솔리호:

환율은 어떻습니까?
Ямар ханшаар солидог вэ?
야머르   한샤:르   솔리독   웨

환전을 하고 싶습니다.
Би мөнгөө солимоор байна.
비   멍거: 솔리모:르   밴:

달러를 몽골터그럭으로 바꾸려고 합니다.

Доллар монгол төгрөгөөр солих гэсэн юм.

돌라르 몽골 터그러거:르 솔리흐 게썬 욤

몇 달러를 환전하시겠습니까?

Та хэдэн доллар солиулмаар байна вэ?

타 헤덩 돌러르 솔리올마:르 밴: 웨

어떻게 환전해 드릴까요?

Таны мөнгийг яаж задлах вэ?

타니: 멍긱: 야찌 자뜰러흐 웨

고액권으로 주십시오.

Бүхэл мөнгө өгөөрэй.

부헐 멍거 어거:레:

잔돈으로 주어도 괜찮습니다.

Задгай мөнгө өгч болно.

자뜨개: 멍거 억치 볼른

이 돈을 잔돈으로 바꾸어 주십시오.

Энэ мөнгийг задалж өгнө үү.

엔 멍긱: 자떨찌 어근 우:

만 터그럭권 지폐로 주십시오.

Арван мянгатын дэвсгэртээр өгөөч.

아르웡 망거팅: 뎁쓰거르테:르 어거:치

천 터그럭권 지폐 있습니까?

Мянгатын дэвсгэрт байна уу?

망거팅: 뎁쓰거르 밴: 오:

환전 영수증을 주시겠습니까?
Мөнгө солисон квитанц өгнө үү.
멍그 소일썽 크비탄츠 어근 우:

필수어휘

환전소	мөнгө солих газар	멍그 솔리흐 가저르
환율	мөнгөний ханш	멍그니: 한쉬
미화	америк доллар	아메리크 돌러르
몽화	монгол төгрөг	몽골 터그럭
한화	солонгосын вон	솔렁고씽: 원
프랑	францын франк	프랑칭: 프랑크
마르크	германы марк	게르머니: 마르크
루블	оросын рубль	오로씽: 루블
위안	хятадын юань	햐터띵: 유안
동전	зоос	조:쓰
이자	мөнгөний хүү	멍그니: 후:
저금통장	хадгаламжийн дэвтэр	하드걸럼찡: 뎁터르
은행카드	банкны карт	방크니: 카르트

비밀번호	нууц тоо	노:츠 토:
은행이체	шилжүүлэг	쉴쭐:럭
계산기	тооны машин	토:니: 마쉰
지폐	мөнгөн тэмдэгт	멍겅 템덕트
은행	банк	방크
여행자수표	замын чек	자밍: 체크
고액권	бүхэл мөнгө	부헐 멍그
현금	бэлэн мөнгө	벨렁 멍그
수표	чек	체크

환전

15. 우체국

가까운 우체국은 어디에 있습니까?
Энд ойрхон шуудан хаана байдаг вэ?
엔뜨 오이르헝 쇼:덩 한: 배:덕 웨

우체국은 몇 시부터 몇 시까지 합니까?
Шуудан хэдээс хэдэн цаг хүртэл
쇼:덩 헤데:쓰 헤덩 착 후르털

ажилладаг вэ?
아찔떡 웨

우표와 봉투를 주십시오.
Надад марктай дугтуй өгнө үү.
나더뜨 마르크태: 독토이 어근 우:

편지에 영어로 주소를 쓰십시오.
Захиагаа англиар хаягла.арай!
자히아가: 앙글라르 하이글라:래:

주소를 똑바로 써주세요.
Та хаягаа гаргацтай бичээрэй!
타 하이가: 가르거츠태: 비체:레:

이 편지는 가는데 몇 일이 걸립니까?

Энэ захиа хэд хоноод хүрэх вэ?
<small>엔 자히아 헫 호노:뜨 후러흐 웨</small>

속달로 보내 주세요.

Яаралтай шуудангаар явуулж өгөөч!
<small>야럴태: 쇼:덩가:르 야올:찌 어거:치</small>

이 소포를 보내려고 합니다.

Энэ илгээмжийг явуулах гэсэн юм.
<small>엔 일겜:찍: 야올:러흐 게썬 욤</small>

엽서를 보내려고 합니다.

Ил захидал явуулах гэсэн юм.
<small>일 자히덜 야올:러흐 게썬 욤</small>

어느 나라로 보내십니까?

Аль улсад явуулах вэ?
<small>앨 올써뜨 야올:러흐 웨</small>

항공우편으로 보내주십시오.

Агаарын шуудангаар явуулж өгнө үү.
<small>아가:링: 쇼:덩가:르 야올찌 어근 우:</small>

한국으로 편지를 부치는데 얼마짜리 우표를 붙여야 합니까?

Өмнөд Солонгос руу захиа явуулахад
<small>엄너뜨 솔렁고쓰로: 자히아 야올:러허뜨</small>

ямар үнэтэй марк наах вэ?
<small>야머르 운테: 마르크 나:흐 웨</small>

우체국

저는 한국으로 팩스를 보내려고 합니다. 얼마입니까?
Би Өмнөд Солонгос руу факс явуулах
비　　엄너뜨　　　솔렁고쓰로:　　팍쓰　야올:러흐

гэсэн юм. Ямар үнэтэй вэ?
게썬　 욤　　야머르　　운테:　웨

저는 한국으로 전보를 치려고 합니다.
Би Өмнөд Солонгос руу цахилгаан
비　　엄너뜨　　　솔렁고쓰로:　　차힐강:

явуулах гэсэн юм.
야올:러흐　게썬　욤

이 전보를 지급으로 보내주십시오.
Энэ цахилгааныг яаралтай явуулж
엔　　차힐가:닉　　　야:럴태:　　야올:찌

өгнө үү.
어근　우:

이 전보 용지에 기입하십시오.
Энэ цахилгаан явуулдаг хуудсыг
엔　　차힐강:　　　야올:떡　　호:드씩:

бөглөж бичээрэй.
버걸찌　　비체:레:

영어로 해도 됩니까.
Англи хэлээр болох уу?
앙글　헬레:르　　볼러흐　호:

됩니다.
Болно, болно.
볼런, 볼런

저는 이메일을 검색하고 싶습니다.
Би э-мэйлээ шалгамаар байна.
비 이메일레: 샬거마:르 밴:

가까운 PC방은 어디에 있습니까?
Ойрхон интернет кафе хаана байдаг вэ?
오이르헝 인테르네트 카페 한: 배:덕 웨

한 시간에 얼마입니까?
Цаг суухад ямар үнэтэй вэ?
착: 소:허드 야머르 운테: 웨

인쇄를 하는 데 얼마입니까?
Хувилж авбал ямар үнэтэй вэ?
호윌찌 압벌 야머르 운테: 웨

필수어휘

중앙우체국	Төв шуудан	터우 쇼:덩
PC방	интернет кафе	인테르네트 카페
소포	илгээмж	일겜:찌
사서함	шуудангийн хайрцаг	쇼:덩깅: 해:르척
우표	шуудангийн марк	쇼:덩깅: 마르크

우체국

우편번호	шуудангийн индекс	쇼:덩깅: 인덱스
우편요금	шуудангийн тариф	쇼:덩깅: 타리프
우체국	шуудангийн салбар	쇼:덩깅: 살버르
봉투	дугтуй	독토이:
풀	цавуу	차오:
주소	хаяг	하익
등기우편	баталгаатай захидал	바털가:태: 자히덜
엽서	ил захидал	일 자히덜
기념우표	дурсгалын марк	도르쓰걸링: 마르크
국제우편	олон улсын шуудан	올렁 올씽: 쇼:덩
항공우편	агаарын шуудан	아가:링: 쇼:덩
보통우편	энгийн шуудан	엥깅 쇼:덩
속달	яаралтай шуудан	야:럴태: 쇼:덩
집배원	шуудан зөөгч	쇼:덩 적:치
축전	баярын цахилгаан	바이링: 차힐강:
조전	эмгэнэлийн цахилгаан	엠거널링: 차힐강:

16. 전화

여보세요.
Байна уу?
밴: 오:

당신은 누구십니까?
Өөрөө хэн бэ?
어:러: 헴 베

누구를 찾으십니까?
Та хэнтэй ярих вэ?
타 헹테: 야리흐 웨

전화를 잘못 거셨습니다.
Та буруу залгажээ.
타 보로: 잘거쩨:

통화중입니다.
Шугам завгүй байна.
쇼검 자우구이 밴:

당신에게 전화 왔습니다.
Таныг хүн утсаар ярья гэж байна.
타닉 훙 오트싸:르 야리: 게찌 밴:

잠깐만 기다리십시오.
Та жаахан хүлээгээрэй.
타   짜:헝   훌레:게:레:

수화기를 들고 계십시오.
Та утсаа барьж байгаарай.
타   오트싸: 바리찌   배:가:래:

즉시 불러 드리겠습니다.
Би одоохон дуудаад өгьө.
비   오또:헝   도:다:뜨   어기:

미안합니다. 그 사람은 지금 없습니다.
Уучлаарай. Тэр одоогоор алга байна.
오:칠라:래: 테르   오또:고:르   알럭   밴:

전하실 말씀이 있으면 저에게 남기십시오.
Хэлэх юм байвал би дамжуулья.
헬러흐   욤   배월   비   담쭐:리:

저녁 7시 이후에 전화해 주십시오.
Та орой 7 цагаас хойш залгаарай.
타   오로이 돌롱   차가:쓰   호이쉬   잘가:래:

전화를 잠깐만 끊으십시오. 제가 다시 걸겠습니다.
Та утсаа түр тавьчих даа.
타   오트싸: 투르   탭치흐   따:

Би эргээд залгая.
비   에르게:뜨   잘가이:

무슨 소리인지 잘 안 들립니다.
Таны дуу муу сонсогдож байна.
타니: 도: 모: 손석더찌 밴:

저에게 전화하라고 그 사람에게 말해주십시오.
Над руу утасдаарай гэж түүнд хэлж
나뜨로: 오터쓰다:래: 게찌 툰:뜨 헬찌

өгнө үү.
어근 우:

제가 전화했었다고 말해주십시오.
Намайг ярьлаа гэж хэлээрэй.
나맥: 야릴라: 게찌 헬레:레:

당신은 핸드폰이 있습니까?
Та гар утастай юу?
타 가르 오터쓰태: 요:

당신의 전화번호를 가르쳐 주십시오.
Та утасны дугаараа хэл дээ.
타 오터쓰니: 도가:라: 헬 떼

제 전화번호를 적어 두십시오.
Миний утасны дугаарыг бичээд ав даа.
미니: 오터쓰니: 도가:릭: 비체:뜨 아우 따:

저에게 당신의 전화번호를 적어주십시오.
Та надад утасны дугаараа бичиж өгөөч.
타 나더뜨 오터쓰니: 도가:라: 비치찌 어거:치

댁으로 전화해도 괜찮습니까?
Танай гэр лүү утасдаж болох уу?
타내: 게를루: 오터스더찌 볼러 호:

언제 전화드리는 것이 좋겠습니까?
Хэдийд утасдаж байвал зүгээр вэ?
헤디:뜨 오터쓰더찌 배:월 주게:르 웨

서울로 3 분간 통화하는데 얼마입니까?
Сөүл рүү 3 минут ярихад ямар
서울르로: 고르윙 미노트 야리허드 야머르

үнэтэй вэ?
운테: 웨

한국에서 몽골로 어떻게 전화를 겁니까?
Солонгосоос Монгол руу яаж ярих вэ?
솔렁고쏘:쓰 몽골르로: 야찌 야리흐 웨

전화요금을 계산합시다.
Утасны тооцоо хийе.
오터쓰니: 토:초: 히:

국제전화 통화카드가 있습니까?
Олон улсын ярианы карт байна уу?
올렁 올씽: 야랴니: 카르트 밴: 오:

전화

필수어휘

공중전화	нийтийн утас	니:팅 오터쓰
시외전화	хот хоорондын утас	호트 호:런딩 오터쓰
시내전화	хотын доторх утас	호팅: 도터르흐 오터쓰
국제전화	олон улсын утас	올렁 올씽: 오터쓰
전화번호부	утасны дугаарын дэвтэр	오터쓰니: 도가:링: 뎁터르
전화박스	утасны бүхээг	오터쓰니: 부헥:
전화번호	утасны дугаар	오터쓰니: 도가:르
사무실전화	ажлын утас	아찔링: 오터쓰
집전화	гэрийн утас	게링: 오터쓰
핸드폰	гар утас	가르 오터쓰
전화선	утасны шугам	오터쓰니: 쇼검
전화료	утасны төлбөр	오터쓰니: 털버르
전화카드	утасны карт	오터쓰니: 카르트
전화 충전기	утас цэнэглэгч	오터쓰 체너글럭치
스카이텔 전화	Скайтелийн утас	스카이텔링: 오터쓰
모비콤 전화	Мобикомын утас	모비코밍: 오터쓰

전화

팩스기	факсны аппарат	팍쓰니: 아파러트
메시지작성	мессеж бичих	메쎄지 비치흐
숫자판	тоон товч	톤: 톱치
별표	цэцгэн товч	체츠건 톱치
우물정표	чагтан товч	착텅 톱치

전화

17. 길 찾기

실례합니다. 여기가 어디입니까?
Уучлаарай. Бид одоо хаана явж
<small>오:칠라:래:　비뜨　오도:　한:　야우찌</small>

байна вэ?
<small>밴:　웨</small>

길을 잃어버렸습니다.
Би төөрчихлөө.
<small>비　터:르치흘러:</small>

일행을 잃어버렸습니다.
Би хамт яваа хүмүүсээсээ төөрчихлөө.
<small>비　함트　야와　후무:쎄:쎄:　터:르치흘러:</small>

수흐바타르광장으로 어떻게 가야됩니까?
Сүхбаатарын талбай руу яаж очих вэ?
<small>수흐바:터링:　탈배:로:　야찌　오치흐　웨</small>

저를 호텔까지 좀 데려다 주십시오.
Та намайг зочид буудал руу хүргэж
<small>타　나맥:　조치뜨　보:덜르로:　후르거찌</small>

өгнө үү.
<small>어근　우:</small>

저를 한국대사관에 좀 데려다 주십시오.
Намайг Өмнөд Солонгосын Элчин
나맥: 엄너뜨 솔렁고씽: 엘칭

сайдын яаманд хүргээд өгнө үү.
새:딩: 야:먼뜨 후르게:뜨 어근 우:

제가 어느 방향으로 가야합니까?
Би аль зүг рүү явах вэ?
비 앨 주그로: 야워흐 웨

저는 외국인이어서 길을 잘 모릅니다.
Би гадаадаас ирсэн хүн тул
비 가다:다:쓰 이르썽 훙 톨

зам мэдэхгүй байна.
잠 메떠흐꾸이 밴:

그곳으로 가는 지름길을 가리켜 주십시오.
Тэнд очих дөт зам заагаад өгөхгүй юу?
텐뜨 오치흐 더트 잠 자:가:뜨 어거흐꾸이 요:

우리가 지금 어디에 있는지 이 지도 위에 가리켜 주십시오.
Бид одоо яг хаана байгааг энэ газрын
비뜨 오또: 약 한: 배:각: 엔 가즈링

зураг дээр заагаад өгөөч!
조럭데르 자:가:뜨 어거:치

거기까지 걸어 갈 수 있습니까?
Би тийшээ явган явж болох уу?
비 티:쉐: 야우겅 야우찌 볼러 호:

찾기가 어렵습니까?
Олоход хэцүү юү?
올로호뜨 헤추: 유:

여기서 멉니까?
Эндээс хол уу?
엔데:쓰 홀 로:

아니오, 멀지 않습니다. 가깝습니다.
Үгүй, хол биш ээ. Ойрхон.
우구이 홀 비쉐: 오이르헝

길에서 어느 쪽입니까?
Замын аль талд нь вэ?
자밍 앨 탈뜬 웨

오른쪽 편으로 계속해서 좀 가십시오.
Баруун гараа бариад жаахан яваарай.
바롱: 가라: 바리아뜨 짜:헝 야와:래:

모퉁이를 돌아 있습니다.
Булан тойроод байгаа.
불렁 토이로:뜨 배:가:

거리를 따라 올라가십시오.
Гудамжаа өгсөөд яваарай.
고덤짜: 억서:뜨 야와:래:

거리를 따라 좀 내려가십시오.
Гудамжаа жаахан уруудаад яваарай.
고덤짜: 짜:헝 오로:따:뜨 야와:래:

길찾기

공항으로 데려다 주십시오.

Онгоцны буудал хүргүүльe.
옹거츠니: 보:덜 후르굴:리:

기차역으로 데려다 주십시오.

Галт тэрэгний буудал хүргүүльe.
갈트 테러그니: 보:덜 후르굴:리:

1 킬로미터에 얼마입니까?

Нэг км нь ямар үнэтэй вэ?
넥 킬로미터른 야머르 운테: 웨

여기에 잠깐만 세워주십시오.

Энд түр зогсоод өгөөч.
엔뜨 투르 족쏘:뜨 어거:치

좀 빨리 가주십시오

Жаахан хурдан яваарай.
짜:헝 호르떵 야와:래:

모퉁이를 돌아서 서주십시오.

Булан тойроод зогсоорой!
볼렁 토이로:뜨 족쏘:뢰

이 거리의 이름은 무엇입니까?

Энэ гудамжийг юу гэж нэрлэдэг вэ?
엔 고덤찍: 요: 게찌 네럴떡 웨

이 근처에 화장실이 어디에 있습니까?

Энэ хавьд бие засах газар хаана байна вэ?
엔 해위드 비: 자써흐 가저르 한: 밴: 웨

18. 시내교통

택시를 불러주십시오.
Такси дуудаж өгнө үү.
탁씨 도:더찌 어근 우:

어디로 모실까요?
Та хаашаа явах вэ?
타 하:샤: 야워흐 웨

이 주소로 데려다 주십시오.
Та намайг энэ хаягаар хүргэж өгнө үү.
타 나맥: 엔 하이가:르 후르거찌 어근 우:

잠깐만 기다려 주시지 않겠습니까?
Та намайг жаахан хүлээж байхгүй юу?
타 나맥: 짜:헝 훌레:찌 배:흐꾸이 요:

몇 분 안에 곧 돌아오겠습니다.
Би хэдхэн минутын дараа буцаад ирнэ.
비 헤드헝 미노팅: 다라: 보차:뜨 이른

여기서 내립니다. 세워주십시오.
Энд бууя, Зогсоорой!
엔뜨 보:이 족쏘:뢰:

곧장 가다가 우회전하십시오.
Шууд яваад баруун тийш эргээрэй!
쇼:뜨 야와:뜨 바롱: 티:쉬 에르게:레:

직진하십시오.
Чигээрээ яваарай!
치게:레: 야와:래:

좌회전!
Зүүн тийшээ!
중: 티:셰:

우회전!
Баруун тийшээ!
바롱: 티:셰:

직진!
Чигээрээ!
치게:레:

요금은 얼마입니까?
Би хэдийг төлөх вэ?
비 헤딕: 털러흐 웨

이 버스는 백화점으로 갑니까?
Энэ автобус их дэлгүүр лүү явдаг уу?
엔 압토보쓰 이흐 델구:를:루 얍떡 오:

자연사박물관으로 가려면 어떻게 가야 합니까?
Байгалийн түүхийн музей рүү яаж
  배:갈링: 투:힝: 무쩨:루: 야찌

очих вэ?
오치흐 웨

칭기스호텔로 어떤 버스가 갑니까?
'Чингис' зочид буудал руу ямар
  칭기쓰   조치드   보:덜르로: 야머르

автобус явдаг вэ?
  압토보쓰   얍떡 웨

몇 정류장을 가다가 내립니까?
Хэдэн буудал яваад буух вэ?
 헤덩   보:덜   야와:뜨   보:흐 웨

산사르 정류장에 도착하면 말씀해주십시오.
'Сансарын' буудал болохоор хэлээд
  산서링: 보:덜   볼로호:르   헬레:뜨

өгөөч.
어거:치

여기는 무슨 정류장입니까?
Энэ ямар буудал вэ?
 엔 야머르 보:덜 웨

다음 정류장에서 내리십시오.
Дараагийн буудалд буугаарай!
  다라:깅: 보:덜뜨   보:가:래:

버스를 잘못 타셨습니다.
Та буруу автобусанд суучихаж.
타　　보로:　　압터보썬ㄸ　　소:치허찌

다음 정거장에서 나를 내려주십시오.
Намайг араагийн буудал дээр
　나맥:　　다라:깅:　　보:덜데:르

буулгаж өгөөч.
　불:거찌　어거:치

문 좀 열어주십시오.
Хаалгаа онгойлгоорой.
　할:러가:　　옹고일고:뢰:

버스는 저녁 몇 시까지 다닙니까?
Автобус орой хэд хүртэл явдаг вэ?
압토보쓰　오로이　헬　후르털　얍떡　웨

길 어느 편에서 타야합니까?
Замынхаа аль талаас нь суух вэ?
자밍:하:　앨　탈라:쓴　소:흐 웨

19. 자동차

자동차를 하루동안 빌리고 싶습니다.
Машин өдрөөр хөлсөлмөөр байна.
마쉰   어드러:르   헐설머:르   밴:

지프차 한 대를 일주일동안 빌리고 싶습니다.
Нэг жийп машиныг долоо хоногоор
넥   찌:프   마쉬닉: 돌로: 호너고:르

хөлсөлмөөр байна.
헐설머:르   밴:

가까운 자동차 정비소가 어디에 있습니까?
Ойрхон машин засварын газар
오이르헝   마쉰   자스워링: 가저르

хаана байдаг вэ?
한: 배:덕   웨

부품이 있습니까?
Сэлбэг байна уу?
쎌벅   밴: 오:

타이어가 펑크났습니다.
Дугуй хагарчихлаа.
도고이   하가르치흘라:

타이어 펑크를 때워 주세요.
Дугуй нөхөж өгөөч.
도고이   너허찌   어거:치

타이어에 바람을 넣어주세요.
Дугуй хийлүүльe.
도고이   힐:룰:리:

타이어를 갈아 끼워주세요.
Дугуйг сольж өгөөч.
도고익   소일찌   어거:치

자동차를 세차해주세요.
Машинаа угаалгая.
마쉬나: 오갈:거이:

자동차를 이곳에 주차해도 됩니까?
Машин энд тавьж болох уу?
마쉰   엔뜨   태워찌   볼러   호:

엔진오일을 주십시오.
Моторын тос авъя.
모터링: 토쓰   아위:

주유소가 어디에 있습니까?
Шатахуун түгээх станц хаана байдаг вэ?
샤터홍: 투게:흐   스탄츠   한: 배:덕   웨

휘발유 30리터를 주세요.
30 литр бензин авъя.
고칭 리터르   벤진   아위:

디젤유가 있습니까?

Дизелийн тос байна уу?
디젤링: 토쓰 밴: 오:

윤활유를 넣어주세요.

Тосолгоо хийлгээ.
토썰로고: 힐:거이:

용접을 하려고 합니다.

Гагнуулах гэсэн юм.
가그놀:러흐 게쎈 욤

면허증을 보여주십시오.

Үнэмлэхээ үзүүлнэ үү.
우너믈러헤: 우쭐:런 우:

과속하였습니다.

Та хурд хэтрүүлсэн.
타 호르뜨 헤트룰:썬

천천히 주의하면서 가십시오.

Аяархан, болгоомжтой яваарай!
아야르헝 볼곰:찌퇴: 야와:래:

 **필수어휘**

차도	машин зам	마쉰 잠
인도	явган хүний зам	야우겅 후니: 잠
브레이크	тоормос	토:르머쓰
기어	араа	아라:
클러치	дискин холбоо	디스킹 홀보:
주차장	машины зогсоол	마쉬니: 족쑬:
차고	грааш	그라:쉬
신호등	гэрлэн дохио	게럴런 도히오
횡단보도	замын гарц	자밍: 가르츠
교통법규	замын хөдөлгөөний дүрэм	자밍: 허덜거:니: 두럼
도로표지	замын тэмдэг	자밍: 템덕
금지표지	хориглох тэмдэг	호리글러흐 템덕
중앙선	гол шугам	골 쇼검
추월	гүйцэж түрүүлэх	구이처찌 투룰:러흐
고속도로	хурдны зам	호르뜨니: 잠
길이 막히다	зам бөглөрөх	잠 버글러러흐
휴게소	дэн буудал	뎅 보:덜

자동차

철도 건널목	төмөр замын гарц	터머르 자밍: 가르츠
미끄러운 길	халтиргаатай зам	할티르가:태: 잠
운전면허증	жолооны үнэмлэх	쫄로:니: 우너믈러흐
국제운전 면허증	олон улсын жолооны үнэмлэх	올렁 올씽: 쫄로:니: 우너믈러흐

자동차

20. 기차여행

실례합니다만 매표소는 어디에 있습니까?
Уучлаарай, Билетийн касс хаана
오:칠라:래   빌례팅: 카쓰   한:

байдаг вэ?
배:덕 웨

기차표를 미리 예매할 수 있습니까?
Билетийг урьдчилан захиалж болох уу?
빌례틱: 오리뜨칠렁   자히얼러찌   볼러   호:

중국으로 기차가 다닙니까?
Хятад руу галт тэрэг хэддэх өдөр
햐터드로: 갈트   테럭   헤떠흐   어더르

явах вэ?
야워흐 웨

기차가 몇 시에 떠납니까?
Галт тэрэг хэдэн цагт хөдлөх вэ?
갈트   테럭   헤덩   착트   허들러흐   웨

북경행 편도차표 두 장을 주십시오.
Бээжин рүү явах нэг талын билет
베:찐느루: 야와흐 넥 탈링: 빌례트

хоёрыг өгнө үү.
호요릭: 어근 우:

침대칸은 얼마입니까?
Унтлагийнх ямар үнэтэй вэ?
온틀럭깅:흐 야머르 운테: 웨

도중에 기차를 갈아타야만 합니까?
Би замдаа галт тэрэгээ сольж суух
비 잠다: 갈트 테러게: 솔찌 소:흐

ёстой юу?
요쓰퇴: 요:

이 기차는 북경에 몇 시에 도착합니까?
Энэ галт тэрэг Бээжинд хэдэн цагт
엔 갈트 테럭 베:찐뜨 헤덩 착트

очих вэ?
오치흐 웨

다음 기차는 몇 시에 옵니까?
Дараагийн галт тэрэг хэдэн цагт
다라:깅: 갈트 테럭 헤덩 착트

ирэх вэ?
이러흐 웨

기차여행

107

제 좌석이 어딘지 가리켜 주시겠습니까?.
Миний суудал хаана байгааг зааж
 미니: 소:덜 한: 배:각: 자:찌

өгнө үү.
 어근 우:

식당차는 어디에 있습니까?
Вагон-ресторан хаана байна вэ?
 와공-레스토랑 한: 밴: 웨

식당차는 3호차에 있습니다.
Вагон-ресторан гуравдугаар вагонд бий.
 와공-레스토랑 고랍도가:르 와공뜨 비:

함께 식사하지 않으시겠습니까?
Хамт хоол идэхгүй юу?
 함트 홀: 이떼흐꾸이 요:

그럽시다.
Тэгье, тэгье.
 테기 테기:

여기는 무슨 역입니까?
Энэ ямар буудал вэ?
 엔 야머르 보:덜 웨

다음은 무슨 역입니까?
Дараагийн буудал ямар буудал вэ?
 다라:깅: 보:덜 야머르 보:덜 웨

이번 역에서 얼마나 오랫동안 정차합니까?

Энэ буудалд аль зэрэг удаан зогсох вэ?
엔 보:덜뜨 앨 제럭 오땅: 족서흐 웨

북경까지는 얼마나 시간이 걸립니까?

Бээжин хүртэл хэдэн цаг явах вэ?
베:찡 후르털 헤덩 착 야워흐 웨

북경에 도착하기 한 시간 전에 저를 좀 깨워주십시오.

Бээжин хүрэхээс цагийн өмнө
베:찡 후러헤:쓰 차깅: 어믄

намайг сэрээгээрэй.
나맥: 세레:게:레:

이불을 한 장 더 가져다 주십시오.

Дахиад нэг хөнжил авчирч өгнө үү.
다히아뜨 넥 헌찔 압치르치 어근 우:

물 좀 가져다 주십시오.

Ус авчирч өгнө үү.
오쓰 압치르치 어근 우:

뜨거운 물입니까, 찬물입니까?

Халуун ус уу? Хүйтэн ус уу?
할롱: 오쏘: 후이텅 오쏘:

미지근한 물이 있습니까?

Бүлээн ус байна уу?
불렝: 오쓰 밴: 오:

이 역에서 오래 정차합니까?
Энэ өртөөн дээр удаан зогсох уу?
엔   어르턴: 데:르   오땅: 족써   호:

창문을 닫아 주세요. 춥습니다.
Цонхоо хаагаарай! Хүйтэн байна.
총호: 하:가:래: 후이텅   밴:

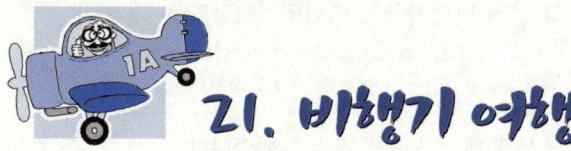

21. 비행기 여행

서울행 비행기는 무슨 요일에 있습니까?
Сөүл рүү онгоц хэддэх өдрүүдэд
서울르루: 옹거츠 헤떠흐 어드루:더뜨
нисдэг вэ?
니스덕 웨

서울행 다음 비행기편은 언제입니까?
Сөүл рүү явах дараагийн нислэг
서울르루: 야워흐 다라:깅: 니슬럭
хэзээ вэ?
헤제: 웨

비행기 일정을 변경하고 싶습니다.
Нисэх өдрөө өөрчлөх гэсэн юм.
니써흐 어드러: 어:르칠러흐 게쎈 욤

서울행 일요일 비행기표를 예약하고 싶습니다.
Сөүл рүү нисэх бүтэн сайн өдрийн
서울르루: 니써흐 부텡 생: 어드링:
билет захиалах гэсэн юм.
빌례트 자히알러흐 게쎈 욤

그 날의 비행기표는 매진되었습니다.
Тэр өдрийн билет дуусчихсан.
테르 어더링: 빌례트 도:쓰치흐생

당신을 대기자 명단에 등록했습니다.
전화로 문의하십시오.
Таныг хүлээлгэнд бүртгэчихлээ.
타닉: 훌렐:러건뜨 부르트거치흘레:

Утсаар асууж байгаарай!
오터싸:르 아소:찌 배:가:래:

여권을 보여주시겠습니까?
Та паспортоо үзүүлнэ үү.
타 파스포르토: 우쭐:런 우:

수화물 수속은 어디에서 합니까?
Ачаа тээшээ хаана бүртгүүлэх вэ?
아차: 테:쉐: 한: 부르트굴:러흐 웨

비행기표 수속은 어디에서 합니까?
Билетээ хаана бүртгүүлэх вэ?
빌례테: 한: 부르트굴:러흐 웨

창문 옆자리로 주십시오.
Цонхны дэргэдэх суудал өгнө үү.
총흐니: 데르거떠흐 소:덜 어근 우:

직항입니까?
Энэ шууд нислэг үү.
엔 숟 니슬럭 우:

비행기는 몇 시에 이륙합니까?
Онгоц хэдэн цагаас нисэх вэ?
옹거츠 헤덩 차가:쓰 니쎄흐 웨

몇 시에 서울에 착륙합니까?
Бид Сөүлд хэдэн цагт буух вэ?
비뜨 서울뜨 헤덩 착트 보:흐 웨

이 가방을 휴대해도 됩니까?
Энэ цүнхийг биедээ авч явж болох уу?
엔 충힉: 비:떼 압치 야우찌 볼러 호:

수하물의 중량이 제한초과입니다.
Ачааны жин зохих хэмжээнээс илүү байна.
아차:니 찡 조히흐 헴쩨:네:쓰 일루: 밴:

제한초과 수하물로 제가 얼마를 더 지불해야 합니까?
Илүү ачаанд би хэдийг төлөх вэ?
일루: 아찬:뜨 비 헤딕: 털러흐 웨

비행기가 예정 시간보다 늦어지고 있습니까?
Онгоц цагаасаа хоцорч байна уу?
옹거츠 차가:싸: 호처르치 밴: 오:

기상악화로 비행기가 이륙하지 않았습니다.
Агаар муу гээд онгоц ниссэнгүй.
아가:르 모: 게:뜨 옹거츠 니쓰쎙구이

바람이 불어 비행기가 공항에 착륙하지 않았습니다.
Салхитай тул онгоц буудал дээр
  살리흐태: 톨   옹거츠   보:덜데:르

буусангүй.
  보:쌍구이

22. 레스토랑

웨이터!
Үйлчлэгч ээ!
우일칠럭체:

빈 자리가 있습니까?
Сул ширээ байна уу?
솔   쉬레: 밴: 오:

미래 주문해도 됩니까?
Урьдчилан захиалга өгч болох уу?
오리드칠렁   자히얼럭   억치   볼러   호:

우리는 창가에서 식사를 하고 싶습니다.
Бид цонхны дэргэд хоолломоор байна.
비뜨   총흐니: 데르거뜨   홀:로모:르   밴:

저기 창가의 자리에 앉아도 됩니까?
Тэр цонхны дэргэдэх ширээнд сууж
테르   총흐니: 데르거떠흐   쉬렌:드   소:찌
болох уу?
볼러   호:

메뉴 좀 봅시다.
Хоолны цэсээ үзүүлнэ үү.
홀:니: 체쎄: 우쭐:런 우:

점심요리로 오늘 어떤 음식들이 됩니까?
Танайд өнөөдрийн үдийн хоолонд
타내뜨 어너:드링: 우띵: 홀:런드

юу юу байна вэ?
요: 요: 밴: 웨

생선요리는 없습니까?
Загас байхгүй юу?
자거쓰 배:흐꾸이 요:

이 요리는 무슨 고기로 만들었습니까?
Энэ хоолыг юуны махаар хийсэн бэ?
엔 홀:릭: 요:니: 마하:르 히:썬 베

무엇을 주문하시겠습니까?
Юу захиалах вэ?
요: 자히알러흐 웨

저는 무엇을 골라야 할지 아직 모르겠습니다.
Би ямар хоол захиалахаа хараахан
비 야머르 홀: 자히알러하: 하라:헝

сонгоогүй байна.
송고:구이 밴:

저는 생선보다 쇠고기를 더 좋아합니다.
Би бол загаснаас үхрийн маханд илүү
비 볼 자거쓰나:쓰 우흐링: 마헌뜨 일루:

дуртай.
도르태:

저는 몽골음식을 한 번 먹어보고 싶습니다.
Би ямар нэг монгол хоол идэж
비 야머르 넥 몽골 홀: 이떠찌

үзмээр байна.
우쯔메:르 밴:

어떤 종류의 몽골 전통음식이 있습니까?
Танайд монгол үндэсний ямар хоол
타내뜨 몽골 운더쓰니: 야머르 홀:

байна вэ?
밴: 웨

식사하시기 전에 우선 무엇을 좀 마시겠습니까?
Хоолоо идэхээс өмнө юм уух уу?
홀:로: 이떠헤:쓰 어므느 욤 오: 호:

전채 요리로 무엇을 드시겠습니까?
Ямар зууш авах вэ?
야머르 조:쉬 아워흐 웨

포테이토 샐러드로 주십시오.
Нийслэл салат авъя.
니:쓸럴 살러트 아위:

빵을 좀 더 주십시오.
Дахиад талх нэмж өгнө үү.
다히아뜨 탈흐 넴찌 어근 우:

포크를 하나 더 갖다 주십시오.
Дахиад нэг сэрээ авчирч өгнө үү.
다히아뜨 넥 쎄레: 압치르치 어근 우:

의자를 하나 더 갖다 주시겠어요?
Дахиад нэг сандал авчирч өгөхгүй юу?
다히아뜨 넥 산덜 압치르치 어거흐꾸이 요:

디저트로 무엇을 드시겠습니까?
Амтат зуушнаас алийг авах вэ?
암터트 조:쉬나:쓰 앨릭: 아워흐 웨

맛있게 드십시오.
Сайхан хооллоорой.
새:헝 홀:로:뢰:

좀 더 드시겠습니까?
Та хоол нэмж авах уу?
타 홀: 넴찌 아워 호:

몽골음식이 여러분께 어떠했습니까?
마음에 드십니까?
Та нарт монгол хоол ямар байна вэ?
타 나르트 몽골 홀: 야머르 밴: 웨

Таалагдаж байна уу?
탈:럭더찌 밴: 오:

음식이 아주 맛있습니다.
Их сайхан, амттай хоол байна.
이흐　　새:헝　　암트태:　홀:　　밴:

정말 배불리 먹었습니다.
За, Ёстой цадчихлаа.
자　요스퇴:　　차뜨치흘라:

음식이 맛이 있습니다.
Сайхан хоолтой юм байна.
새:헝　　홀:토이　　욤:　밴:

계산서 부탁합니다.
Тооцоогоо хийе.
토:초:고:　　히:

신용카드로 계산해도 됩니까?
Кредит картаар тооцоо хийж болох уу?
크레디트　카르타:르　토:초:　히:찌　볼러　호:

레스토랑

필수어휘

소금	давс	다우쓰
간장	цуу	초:
설탕	чихэр	치허르
고추	улаан чинжүү	올랑: 친쭈:
후추	хар чинжүү	하르 친쭈:
겨자	гич	기치
마늘	сармис	사르미쓰
양파	сонгино	송긴
사과	алим	알림
귤	жүрж	쭈르찌
포도	усан үзэм	오썬 우쩸
포크	сэрээ	쎄레:
젓가락	савх	사우흐
숟가락	халбага	할벅
칼	хутга	호턱
컵	аяга	아익
접시	таваг	타욱
냅킨	амны алчуур	아므니: 알초:르
이쑤시개	шүдний чигчлүүр	슈뜨니: 칙칠루:르
양고기	хонины мах	호니니: 마흐
소고기	үхрийн мах	우흐림: 마흐
돼지고기	гахайн мах	가하임: 마흐

말고기	адууны мах	아도:니: 마흐
닭고기	тахианы мах	타히아니: 마흐
생선구이	шарсан загас	샤르썬 자거쓰
삶은계란	чанасан өндөг	찬썬 언덕
계란프라이	шарсан өндөг	샤르썬 언덕
야채	ногоо	노고:
감자	төмс	텀쓰
배추	байцаа	배:차:
무우	манжин	만찡
당근	лууван	로:웡
오이	өргөст хэмх	어르거스트 헴흐
토마토	улаан лооль	올랑: 로:일
햄	хиам	햠
치즈	бяслаг	뱌쓸럭
찐만두	бууз	보:쯔
군만두	хуушуур	호:쇼:르
양꼬지구이	шорлог	쇼를록
물만두	банш	반쉬
수프	шөл	셜
고깃국	бантан	반텅
빵	талх	탈흐
케익	бялуу	뱔로:
아이스크림	зайрмаг	재:르먹
쌀	будаа	보따:
밀가루	гурил	고릴

레스토랑

121

면	гоймон	고이멍
생수	рашаан ус	라샹: 오쓰
온수	халуун ус	할롱: 오쓰
냉수	хүйтэн ус	후이텅 오쓰
얼음	мөс	머쓰
마유주	айраг	아이락
술	архи	아리흐
맥주	пиво	피워
포도주	вино	위노
위스키	виски	위스키
우유차	сүүтэй цай	수:테: 채:
녹차	ногоон цай	노곤: 채:
홍차	байхуу цай	배:호: 채:
짠(맛)	шорвог	쇼르웍
단(맛)	чихэрлэг	치허를럭
신(맛)	исгэлэн	이쓰걸렁
쓴(맛)	гашуун	가숑:
매운(맛)	халуун	할롱:
밍밍한	үлбэгэр	울버거르
기름진	тослог	토쓸럭
느끼한	няluун	냘롱:

레스토랑

23. 관광

관광안내소는 어디에 있습니까?
Жуулчны лавлах товчоо хаана байдаг
쫄:치니: 라울라흐 톱초: 한: 배:덕

вэ?
웨

올란바타르 시내지도 있습니까?
Улаанбаатар хотын газрын зураг бий
올란:바:타르 호팅: 가즈링: 조럭 비:

юу?
요:

영어로 해설이 된 관광안내서 있습니까?
Англи хэлээр бичсэн жуулчны
앙글 헬레:르 비치쎈 쫄:치니:

гарын авлага бий юу?
가링: 아울럭 비: 요:

올란바타르 시내관광을 하려고 합니다.
Улаанбаатар хот үзэх гэсэн юм.
올란:바:타르 홀 우쩌흐 게쎈 욤

시내관광은 몇 시에 떠납니까?
Хот үзэх аялал хэдэн цагт хөдлөх вэ?
홀 우쩌흐 아일럴 헤덩 착트 허들러흐 웨

시내관광은 몇 시간이나 걸립니까?
Хот үзэхэд хэдэн цаг болох вэ?
홀 우쩌허뜨 헤덩 착 볼로흐 웨

시내관광료는 얼마입니까?
Хот үзэх аялалд хэдийг төлөх вэ?
홀 우쩌흐 아일럴뜨 헤딕: 털러흐 웨

한국어 가이드는 없습니까?
Солонгос хэлтэй тайлбарлагч байна уу?
솔렁고쓰 헬테: 타일바를럭치 밴: 오:

우리는 한국어를 하는 가이드가 필요합니다.
Бидэнд солонгосоор ярьдаг
비뗀드 솔렁고쏘:르 야리떡

тайлбарлагч хэрэгтэй байна.
타일바를럭치 헤럭테: 밴:

복드한 박물관을 보고싶습니다.
Богд хааны музейг үзмээр байна.
복뜨 하:니: 무쩩: 우쯔메:르 밴:

역사박물관은 여기서 멉니까?
Түүхийн музей эндээс хол уу?
투:힝: 무쩨: 엔데:쓰 홀 로:

관광

박물관은 몇 시에 개관합니까?

Музей хэдэн цагт онгойх вэ?
무쩨: 헤덩 착트 옹고이흐 웨

여기서 사진을 찍어도 됩니까?

Энд зураг авч болох уу?
엔드 조럭 압치 볼러 호:

안에서 사진을 찍으면 요금을 내야합니다.

Дотор зураг авахад төлбөртэй.
도터르 조럭 아워허뜨 털버르테:

모두 같이 사진을 찍읍시다.

Хамт зураг авахуулъя.
함트 조럭 아워홀:리:

나중에 사진을 당신께 보내드리겠습니다.

Би танд дараа зураг явуулнаа.
비 탄뜨 다라: 조럭 야올르나:

여기 칼라필름 있습니까?

Энд өнгөт хальс байгаа юу?
엔드 엉크트 하일쓰 배:가: 요:

여기서는 사진을 찍을 때 플래쉬를 터뜨리면 안 됩니다.

Энд зураг авахадаа аппратнаасаа
엔드 조럭 아워흐따 아파라트나:싸:

гэрэл гаргаж болохгүй.
게럴 가르거찌 볼러흐꾸이

여기에서 역사 기념품들을 판매합니까?
Энд түүх дурсгалын зүйлс худалддаг уу?
엔뜨 투:흐 도르쓰걸링: 주일쓰 호덜떡 오:

이것은 세관을 통과하는 데 괜찮습니까?
Үүнийг гаалиар авч гарахад зүгээр үү?
우:닉: 가:일리아르 압치 가러허뜨 주게: 루:

필수어휘

필름	зургийн хальс	조르깅: 하일쓰
흑백필름	хар цагаан хальс	하르 차강: 하일쓰
칼라필름	өнгөт хальс	엉거트 하일쓰
슬라이드필름	слайд хальс	슬라이드 하일쓰
관광단지	жуулчны бааз	쫄:치니: 바:즈
관광버스	жуулчны автобус	쫄:치니: 압토보쓰
관광시즌	жуулчны улирал	쫄:치니: 올리럴
여행안내소	аялалын лавлах	아일럴링: 라울러흐
지도	газрын зураг	가즈링: 조럭
나침반	луужин	로:찡

관광

텐트	майхан	매:헝
지팡이	таяг	타익
신혼여행	хуримын аялал	호리밍: 아일럴
여행계획	аялалын төлөвлөгөө	아일럴링: 털러울거:
안내인	газарч	가저르치
여행자	аялагч	아일럭치
배낭	үүргэвч	우:르겁치
우비	цув	초우
화덕	тулга	톨럭
솥	тогоо	토고:
국자	шанага	샤넉
요깃거리	хуурай идэх юм	호:래: 이떠흐 욤

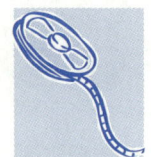

24. 영화

몽골영화를 좋아하십니까?
Та монгол кинонд дуртай юу?
타 몽골 키논뜨 도르태: 요:

새로 상영되는 영화는 어떤 것이 있습니까?
Ямар шинэ кино гарч байна вэ?
야머르 쉰 키노 가르치 밴: 웨

영화개봉은 언제입니까?
Киноны нээлт хэзээ болох вэ?
키노니: 넬:트 헤제: 볼러흐 웨

영화 프로그램을 어디서 구해 볼 수 있습니까?
Киноны зарлалыг хаанаас олж үзэх вэ?
키노니: 자를럴릭: 하:나:쓰 올찌 우쩌흐 웨

오늘 어떤 영화가 상영됩니까?
Өнөөдөр ямар кино гарч байгаа вэ?
어너:더르 야머르 키노 가르치 배:가: 웨

이 영화는 어느 극장에서 상영됩니까?
Энэ кино аль театрт гарч байгаа вэ?
엔 키노 앨 티아트르트 가르치 배:가: 웨

이 영화는 국제영화제에서 수상하였다고 합니다.
Энэ кино олон улсын их наадмын
엔 키노 올렁 올씽: 이흐 나:더밍:

шагнал авсан юм гэнэ.
샤그널 압썬 욤 겐

이 영화배우의 이름은 무엇입니까?
Энэ кино жүжигчний нэрийг
엔 키노 쭈찍치니: 네릭:

хэн гэдэг вэ?
헹 게덕 웨

주연배우는 누구입니까?
Гол дүрд нь хэн тоглож байна вэ?
골 두르뜬 헹 토글찌 밴: 웨

저와 함께 영화구경 가시지 않겠습니까?
Та надтай хамт кино үзэхгүй юу?
타 나쁘태: 함트 키노 우쩌흐꾸이 요:

그 극장으로 어떻게 가면 됩니까?
Тэр кино театр луу яаж явж очих вэ?
테르 키노 티아트를로: 야찌 야우찌 오치흐 웨

늦겠습니다. 서두릅시다.
Хожимдох нь байна шүү.
호찜도흔 밴: 슈:

Бушуулаарай.
보숄:라:래:

영화

이것은 성인관람용 영화입니다.
Энэ киног зөвхөн насанд хүрсэн
  엔   키녹   저우흥   나썬뜨   후르썬

хүмүүст зориулав.
  후무:쓰트   조리올라우

어린이는 들여보내지 않습니다.
Энэ кинонд хүүхэд оруулахгүй.
  엔   키논뜨   후:허뜨   오롤:러흐꾸이

영화

필수어휘

예술영화	уран сайхны кино	오렁 새:허니: 키노
장편연속영화	олон ангит кино	올롱 앵기트 키노
기록영화	баримтат кино	바림터트 키노
공포영화	аймшгийн кино	앰:쉬깅: 키노
모험영화	адал явдалт кино	아떨 얍덜트 키노
희극영화	инээдмийн кино	이네:더밍: 키노
만화영화	хүүхэлдэйн кино	후:헐뗑: 키노
영화 제작자	кино найруулагч	키노 내:롤:럭치
시나리오 작가	кино зохиолч	키노 조히올치
영화배우	кино жүжигчин	키노 쭈직칭
영화감독	кино найруулагч	키노 내:롤럭치
주연	гол дүр	골 두르
조연	туслах дүр	토쓸러흐 두르
국민배우	ардын жүжигчин	아르띵: 쭈직칭
공훈배우	гавьяат жүжигчин	가위야트 쭈직칭
영화음악	киноны хөгжим	키노니: 헉찜

영화

25. 예술공연

오늘 저녁에는 어떤 콘서트가 공연됩니까?
Өнөө орой ямар концерт тоглох вэ?
어너: 오뢰: 야머르 콘체르트 토글러흐 웨

저는 민속음악 콘서트를 보고 싶습니다.
Би ардын хөгжимийн концерт үзэх
비 아르띵: 헉찌밍: 콘체르트 우쩌흐

гэсэн юм.
게썽 욤

콘서트는 언제 시작합니까?
Хэдийд концерт эхэлдэг вэ?
헤디:뜨 콘체르트 에헐떡 웨

공연프로그램을 주십시오.
Хөтөлбөр авъя.
허털버르 아위:

오늘 저녁 입장권 두 장 주십시오.
Өнөө оройн билет хоёрыг авъя.
어너: 오룅: 빌레트 호요릭 아위:

표가 매진되었습니다.
Бүх билет зарагдаад дуусчихсан.
부흐   빌례트   자락다:뜨   도:쓰치흐썽

지휘자는 누구입니까?
Хэн удирдан тоглуулж байна вэ?
헹   오디르덩   토글롤:찌   밴: 웨

이 콘서트가 마음에 드셨습니까?
Энэ концерт танд таалагдав уу?
엔   콘체르트   탄드   탈:럭떱   오:

오페라극장은 어디에 있습니까?
Дуурийн театр хаана байдаг вэ?
도:링   티아트르   한: 배:덕   웨

오늘 저녁에 공연되는 오페라는 어떤 것입니까.
Өнөө орой тоглох дуурь аль нь вэ?
어너: 오뢰: 토글러흐   도이르   앨른   웨

당신이 가장 좋아하는 작곡가는 누구입니까?
Таны хамгийн дуртай хөгжмийн
타니: 함깅: 도르태: 헉찌밍

зохиолч хэн бэ?
조히올치   헴   베

몽골에서 가장 유명한 배우는 누구입니까?
Монголд хамгийн нэр хүндтэй
몽골드   함깅: 네르   훈드테:

жүжигчин хэн бэ?
쭈직칭   헴   베

연극을 좋아하십니까?
Та жүжигт дуртай юу?
  타   쭈직트   도르태: 요:

당신은 비극을 좋아하십니까?
아니면 희극을 좋아하십니까?
Та эмгэнэлт жүжигт дуртай юу?
  타   엠그넬트   쭈직트   도르태: 요:

Эсвэл хошин жүжигт дуртай юу?
 이쓰월   호쉰   쭈직트   도르태: 요:

언제 공연이 시작됩니까?
Хэзээ тоглолт эхлэх вэ?
 헤제: 토글럴트 에흘러흐 웨

휴게시간은 언제입니까?
Завсарлага хэдийд болох вэ?
  잡써를럭   헤디:뜨   볼러흐 웨

휴게시간은 얼마 동안입니까?
Завсарлага хэдий хэр үргэлжлэх вэ?
  잡써를럭   헤디: 히르 우르걸찔러흐   웨

휴게시간에 밖으로 나갈 수 있습니까?
Завсарлагаанаар гадагшаа гарч болох уу?
  잡써를러가:나:르   가덕샤: 가르치 볼러 호:

외투보관소는 어디에 있습니까?
Өлгүүр хаана байна вэ?
  얼구:르   한: 밴: 웨

예술공연

우리들의 외투를 함께 보관해주십시오.
Бидний хувцсыг хамт өлгөнө үү.
비뜨니: 흡처씩: 함트 얼근 우:

여기에 가방을 맡겨도 됩니까?
Цүнхээ энд тавьчихаж болох уу?
충헤: 엔뜨 태우치허찌 볼러 호:

안내원, 제 좌석이 어디인지 가르쳐 주십시오.
Үйлчлэгч ээ, Миний суудлыг зааж
우일칠럭체: 미니: 소:들릭: 자:찌

өгнө үү.
어근 우:

필수어휘

악기	хөгжмийн зэмсэг	헉찌밍: 젬썩
현악기	утсан хөгжим	오트썬 헉찜
타악기	цохиур хөгжим	초히오르 헉찜
건반악기	даруулт хөгжим	다롤:트 헉찜
목관악기	модон үлээвэр хөгжим	모떵 울레:워르 헉찜
금관악기	гуулин үлээвэр хөгжим	골:링:울레:워르 헉찜
오케스트라	найрал хөгжим	내럴 헉찜
마두금	морин хуур	모링 호:르
호치르	хуучир	호:치르
야턱	ятга	야턱

샨즈	шанз	샨즈
요칭	ёочин	요:칭
바이올린	хийл	힐:
피리	лимбэ	림버
가수	дуучин	도:칭
무용가	бүжигчин	부찍칭
연주가	хөгжимчин	헉찜칭
지휘자	хөгжмийн удирдаач	헉찌밍: 오디르다:치
장가	уртын дуу	오르팅: 도:
단가	богино дуу	보긴 도:
민요	ардын дуу	아르띵: 도:
발레	бүжгэн жүжиг	부찌겡 쭈직
오페라	дуурь	도:이르
무대	тайз	태:즈
커튼	хөшиг	허쉭
프로그램	хөтөлбөр	허털버르
티켓	тасалбар	타썰바르
매표소	тасалбар түгээгүүр	타썰바르 투게:구:르
야간공연	оройн тоглолт	오룅: 토글럴트
연예업	шоу бизнес	쇼우 비즈네쓰
버라이어티쇼	эстрад концерт	에스트라드 콘체르트
회화	уран зураг	오랑 조륵
초상화	хөрөг зураг	허럭 조륵
풍경화	байгалийн зураг	배:갈링: 조륵

예술공연

26. 쇼핑

백화점은 어디에 있습니까?
Их дэлгүүр хаана байдаг вэ?
이흐 델구:르 한: 배:덕 웨

백화점에 들러 물건을 사고 싶습니다.
Би Их дэлгүүрт орж юм худалдаж
비 이흐 델구:르트 오르찌 욤 호덜떠찌
авмаар байна.
아우마:르 밴:

상점은 몇 시에 개장합니까?
Дэлгүүр хэдэн цагт онгойдог вэ?
델구:르 헤덩 착트 옹고이덕 웨

상점은 몇 시에 폐장합니까?
Дэлгүүр хэдэн цагт хаадаг вэ?
델구:르 헤덩 착트 하:덕 웨

선물가게는 어디에 있습니까?
Бэлэг дурсгалын тасаг хаана байна вэ?
벨럭 도르쓰걸링: 타썩 한: 밴: 웨

나는 친구에게 줄 선물을 사려고 합니다.
Би найздаа бэлэг авах гэсэн юм.
비 내즈따: 벨럭 아워흐 게썬 욤

이것은 어느 나라의 제품입니까?
Энэ хаанахын бараа вэ?
엔 한:힝: 바라: 웨

이것을 포장해주십시오.
Үүнийг боож өгнө үү.
우:닉: 보:찌 어근 우:

이것을 봉투에 넣어주십시오.
Үүнийг уутанд хийж өгнө үү.
우:닉: 오:턴뜨 히:찌 어근 우:

모두 함께 포장해주실 수 있습니까?
Та бүгдий нь хамт боож өгч чадах уу?
타 북띤: 함트 보:찌 억치 차더 호:

여기 한국어를 하는 점원은 없습니까?
Танай энд солонгосоор ярьдаг
타내: 엔뜨 솔렁고쏘:르 야리덕

худалдагч байхгүй юу?
호덜덕치 배:흐꾸이 요:

좀 더 싼 것을 보여주십시오.
Арай хямдхан юм надад үзүүлээч!
아래: 햠뜨헝 욤 나더뜨 우쭐레:치

좀 다른 색깔로 보여주십시오.
Арай өөр өнгөтэйг үзьє!
아래: 어:르 엉커텍: 우찌:

좀 더 다른 모양의 것으로 보여주십시오.
Арай өөр моодных байна уу?
아래: 어:르 모:드니:흐 밴: 오:

입어 보아도 됩니까?
Өмсөж үзэж болох уу?
엄써찌 우쩌찌 볼러 호:

나에게 잘 어울립니까?
Надад зохиж байна уу?
나더뜨 조히찌 밴: 오:

아주 잘 어울립니다.
Их сайхан зохиж байна.
이흐 새:헝 조히찌 밴:

저는 구경만 좀 하고 있습니다.
Би зүгээр, юм сонирхож байна.
비 쭈게:르 욤 소니르허찌 밴:

이것은 제 마음에 꼭 듭니다.
Энэ миний санаанд яг таарч байна.
엔 미니: 사난:뜨 약 타:르치 밴:

이것은 제 마음에 들지 않습니다.
Энэ миний санаанд таарахгүй байна.
  엔   미니: 사난:뜨   타:러흐꾸이   밴:

치수가 맞지 않습니다.
Хэмжээ нь таарахгүй байна.
  헴째: 타:러흐꾸이   밴:

이것은 너무 큽니다.
Энэ хэтэрхий том байна.
  엔   헤터르히: 톰   밴:

이것은 너무 조입니다.
Энэ хэтэрхий бариу байна.
  엔   헤터르히: 바리오   밴:

좀 더 큰 것으로 보여주십시오.
Арай томы нь үзье!
  아래: 토민: 우찌:

좀 더 품질이 나은 것으로 보여 주십시오.
Арай чанартай байна уу?
  아래: 차나르태: 밴: 오:

이것을 사겠습니다.
Үүнийг авъя.
  우:닉: 아위:

지나치게 비쌉니다.
Хэтэрхий үнэтэй байна.
  헤터르히: 운테: 밴:

할인해 주십시오.
Та үнээ буулгах уу?
타 우네: 불:거 호:

모두 다 얼마입니까?
Нийтдээ хэдийг төлөх вэ?
니:트떼: 헤딕: 털러흐 웨

달러로 계산해도 됩니까?
Би доллароор төлж болох уу?
비 돌라로:르 털찌 볼러 호:

이것을 교환할 수 있습니까?
Үүнийг сольж болох уу?
우:닉: 소일찌 볼러 호:

가전제품은 어디에서 팝니까?
Цахилгаан бараа хаана зардаг вэ?
차힐강: 바라: 한: 자르떡 웨

이것은 어떤 시스템에 맞는 텔레비젼입니까?
Энэ ямар систем таарах зурагт вэ?
엔 야머르 시스템 타:러흐 조럭트 웨

보증 수리기간은 있습니까?
Баталгаат засварын хугацаа бий юу?
바털가:트 자쓰워링: 호거차: 비: 요:

쇼핑

27. 여가활동

당신은 여가를 어떻게 보내십니까?
Та чөлөөт цагаа яаж өнгөрүүлдэг вэ?
타   철러:트   차가: 야찌   엉거를:떡   웨

당신의 취미는 무엇입니까?
Та юу сонирхдог вэ?
타   요: 소니르흐덕   웨

당신은 무엇을 즐겨 하십니까?
Таны хийх дуртай юм юу вэ?
타니   히:흐   도르태: 음   요: 웨

어떤 음악을 좋아하십니까?
Та ямар хөгжимд дуртай вэ?
타   야머르   헉찜뜨   도르태   웨

저는 고전음악을 좋아합니다.
Би сонгодог хөгжимд дуртай.
비   송거덕   헉찜뜨   도르태:

당신은 어떤 노래를 좋아하십니까?
Та ямар дуунд дуртай вэ?
타   야머르   돈:뜨   도르태   웨

당신은 어떤 그룹이 마음에 드십니까?
Танд ямар хамтлаг таалагддаг вэ?
탄뜨 야머르 함틀럭 탈:럭드덕 웨

저는 사냥과 낚시가 취미입니다.
Би ан ав хийх, загас барих дуртай.
비 앙 아우 히:흐 자거쓰 바리흐 도르태:

우리의 사냥여행을 누가 안내합니까?
Биднийг хэн анд газарчлах вэ?
비뜨닉: 헹 안뜨 가저르칠러흐 웨

수렵기간은 언제 시작합니까?
Хэдийд ан агнуурын үе эхэлдэг вэ?
헤디:뜨 앙 아그노:링 우이 에헐떡 웨

이 근처에 괜찮은 나이트클럽이 있습니까?
Ойр хавьд гайгүй сайн шөнийн клуб
오이르 해웝드 가애구이 생: 서닝: 클룹

байна уу?
밴: 오:

당신은 어떤 춤을 좋아하십니까?
Та ямар бүжиг сонирхдог вэ?
타 야머르 부찍 소니르허덕 웨

함께 춤추시지 않겠습니까?
Хоёулаа бүжиглэх үү?
호율:라: 부찌글러 후:

예, 그러시지요.
За, Тэгье.
자 테기ː

미안합니다만, 저는 춤출 줄 모릅니다.
Уучлаарай, Би бүжиглэж чаддаггүй.
오ː칠라ː래ː   비   부찌글러찌   차떠덕구이

밖에 나가 산책이나 좀 합시다.
Гадуур гарч, жаахан зугаалъя.
가또ː르 가르치   짜ː헝   조갈ː리

공원 안을 좀 거닐지 않겠습니까?
Цэцэрлэг дундуур жаахан алхах уу?
체체를럭   돈또ː르   짜ː헝   알허   호ː

필수어휘

사냥	ан хийх	앙 히ː흐
낚시	загас барих	자거쓰 바리흐
체스시합	шатар тоглох	샤터르 토글러흐
우표수집	марк цуглуулах	마르크 초글롤ː러흐
음악감상	хөгжим сонсох	헉찜 손써흐
그림그리기	зураг зурах	조럭 조러흐
등산	ууланд авирах	올ː런뜨 아위러흐
산책	зугаалах	조갈ː러흐

승마	морь унах	모이르 오너흐
경마	хурдан морины уралдаан	호르떵 모리니: 오럴땅:
관광	жуулчлах	쭐:칠러흐
외출	салхинд гарах	살힌뜨 가러흐
버섯채취	мөөг түүх	먹: 투:흐
자전거 타기	дугуйгаар явах	도고이가:르 야워흐
수영	усанд сэлэх	오썬뜨 쎌러흐
스케이팅	тэшүүрээр гулгах	테슈:레:르 골거흐
스키타기	цанаар гулгах	차나:르 골거흐
야구경기	бейсбол тоглох	베이쓰볼 토글러흐
운동연습	спортоор хичээллэх	스포르토:르 히첼:러흐
보디빌딩	бялдаржуулах урлаг	밸더르쭐:러흐 오를럭
나이트클럽	шөнийн клуб	셔닝: 클룹
디스코	диско	디스코
노래방	караоке	카라오케
관광단지	жуулчны бааз	쭐:치니: 바:즈

여가활동

28. 운동

당신네 국가에서는 어떤 종류의 스포츠가 유행입니까?
Танай оронд спортын ямар төрлүүд их
타내: 오론드   스포르팅: 야머르   터를루:뜨 이흐

дэлгэрсэн бэ?
델거르썽   베

당신네 팀은 몇 위를 차지했습니까?
Танай баг хэддүгээр байр эзэлсэн бэ?
타내: 박   헤뚜게:르   배:르   에절썽   베

우리 팀은 1위를 차지했습니다.
Манай баг нэгдүгээр байр эзэлсэн.
마내: 박   넥두게:르   배:르   에절썽

당신은 어느 팀을 응원합니까?
Та аль багийн хөгжөөн дэмжигч вэ?
타 앨   바깅: 헉쩡: 뎀찍치   웨

이제는 몇 회전입니까?
Одоо хэд дэх үеийн тоглолт вэ?
오또: 헤뜨흐   우잉: 토글럴트   웨

어느 팀이 이기고 있습니까?
Аль баг нь хожиж явна вэ?
앨 바근 호찌찌 야운 웨

당신네 이 운동장은 시설이 잘 구비되어있군요.
Танай энэ цэнгэлдэх хүрээлэнг
타내: 앤 쳉걸떠흐 후렐:렁

сайхан тоноглосон юм байна.
새:헝 토너글썬 욤 밴:

당신네 팀의 코치는 누구입니까?
Танай багийн дасгалжуулагч нь хэн бэ?
타내: 바깅: 다스걸쫠:럭친 헴 베

한국의 국가가 연주되고 있습니다.
Солонгос улсын төрийн сүлд дуулал
솔렁고쓰 올씽: 터링: 술뜨 돌:럴

эгшиглэж байна.
엑쉬글러찌 밴:

심판진의 판정이 어떻게 나올까?
Шүүгчийн зөвлөл ямар шийдвэр
슉:칭: 저울럴 야머르 쉬:드워르

гаргах бол?
가르거흐 볼

운동

147

나는 여자 팀 경기를 보고 싶습니다.
Би эмэгтэй багийн тэмцээн үзмээр байна.
비 에먹테: 바깅: 템쳉: 우쯔메:르 밴:

나는 수영경기를 보고 싶습니다.
Би усанд сэлэх тэмцээн үзмээр байна.
비 오썬드 쎌러흐 템쳉: 우쯔메:르 밴:

필수어휘

운동선수	тамирчин	타미르칭
챔피언	аварга	아우럭
코치	дасгалжуулагч	다스걸쭐:럭치
심판	шүүгч	슉:치
점수	оноо	오노:
금메달	алтан медаль	알텅 메달
은메달	мөнгөн медаль	멍겅 메달
동메달	хүрэл медаль	후럴 메달
세계챔피언	дэлхийн аварга	델힝: 아우럭
결승전	шигшээ уралдаан	쇽쉐: 오럴당:
단거리경주	ойрын зайн гүйлт	오이랑: 쟁: 구일트
릴레이경주	буухиа гүйлт	보:히아 구일트
넓이뛰기	уртын харайлт	오르팅: 하랠:트
높이뛰기	өндрийн харайлт	언드링: 하랠:트
배구	гар бөмбөг	가르 범벅
축구	хөл бөмбөг	헐 범벅
농구	сагсан бөмбөг	삭썸 범벅
탁구	одон бөмбөг	오떵 범벅
야구	бейсбол	베이:쓰볼

운동

사격	буудлага	보:들럭
과녁	бай	배:
레슬링	чөлөөт бөх	철러:트 버흐
태권도	теквондо	태꿘도
유도	жүдо	쭈도
씨름	үндэсний бөх	운더쓰니: 버흐
역도	хүндийн өргөлт	훈딩: 어르걸트
스케이트	тэшүүр	테슈:르
스키	цана	찬
수영경기	усанд сэлэх уралдаан	오썬뜨 쎌러흐 오럴땅:
올림픽 개회식	олимпийн нээлт	올림핑: 넬:트
올림픽 폐회식	олимпийн хаалтын ёслол	올림핑: 할:팅: 요쓸롤
올림픽촌	олимпийн тосгон	올림핑: 토쓰겅
올림픽 성화	олимпийн бамбар	올림핑: 밤버르
스포츠 용품	спортын бараа	스포르팅: 바라:
스포츠 중계방송	спортын нэвтрүүлэг	스포르팅: 넵트룰:럭

운동

29. 건강

의사를 빨리 불러주십시오.
Эмч түргэн дуудаад өгөөч!
엠치 투르겅 도:다:뜨 어거:치

몸이 썩 좋지 않습니다.
Миний бие нэг л биш байна.
미니: 비: 네글 비쉬 밴:

저를 병원에 좀 데려다 주십시오.
Та намайг эмнэлэгт хүргээд өгнө үү.
타 나맥: 엠널럭트 후르게:뜨 어근 우:

진찰을 빨리 받지 않으면 안됩니다.
Эмчид түргэн үзүүлэхгүй бол
엠치뜨 투르겅 우쭐러흐꾸이 볼

болохгүй нь.
볼로흐꾸인:

즉시 구급차를 부르지 않으면 안됩니다.
Одоохон түргэн тусламж дуудахгүй
오또:헝   투루걍   토쓸람찌   도:떠흐꾸이

бол болохгүй нь.
볼   볼로흐꾸인:

당신은 어디에 무엇이 아프십니까?
Таны хаана юу өвдөж байна вэ?
타니: 한: 요: 업더찌   밴: 웨

당신은 항생제 알레르기가 있습니까?
Та антибиотикийн харшилтай юу?
타   안티비오티킹: 하르쉴태: 요:

머리가 몹시 아픕니다.
Миний толгой маш их өвдөж байна.
미니: 톨고이: 마쉬   이흐   업더찌   밴:

속이 거북합니다.
Миний дотор эвгүй байна.
미니: 도터르   에우구이   밴:

눈에 뭔가가 들어 갔습니다.
Миний нүдэнд нэг юм орчихлоо.
미니: 누떤뜨   넥   욤   오르치홀로:

온 몸이 쑤시고 결립니다.
Миний хамаг бие шархираад байна.
미니: 하먹   비: 샤르히라:뜨   밴:

식욕이 없습니다.
Би хоол идэх дургүй болчихлоо.
비 홀: 이떠흐: 도르구이 볼치흘로:

좀처럼 잠이 안 옵니다.
Миний нойр сайн хүрэхгүй байна.
미니: 노이르 생: 후르흐꾸이 밴:

열이 납니다.
Би халуураад байна.
비 할로:라:뜨 밴:

힘이 하나도 없습니다.
Би их тамирдаад байна.
비 이흐 타미르다:뜨 밴:

가슴이 이따금씩 찌르는 것 처럼 아픕니다.
Миний зүрхээр үе үе хатгаж байгаа
미니: 주르헤:르 우이 우이 하트거찌 배:가

юм шиг өвдөөд байна.
욤 쉭 업더:뜨 밴:

구역질이 납니다.
Миний бөөлжис цутгаад байна.
미니: 벌:찌쓰 초트가:뜨 밴:

식중독에 걸렸습니다.
Би хоолны хордлого болчихлоо.
비 홀:니: 호르뜰록 볼치흘로:

설사를 합니다.
Би доошоо суулгаад байна.
비 도:쇼: 솔:가:뜨 밴:

변비가 있습니다.
Миний өтгөн хатаад байна.
미니: 어트겅 하타:뜨 밴:

소화가 잘 안됩니다.
Хоол сайн шингэхгүй байна.
홀: 생: 슁거흐꾸이 밴:

벌레에 물렸습니다.
Би нэг шавьжинд хатгуулчихлаа.
비 넥 새위찐뜨 하트골:치흘라:

처방전을 써주십시오.
Та эмийн жор бичиж өгнө үү.
타 에밍: 쪼르 비치찌 어근 우:

이 약을 하루에 몇 번 복용합니까?
Энэ эмийг өдөрт хэдэн удаа уух вэ?
엔 엠익: 어더르트 헤덩 오다: 오:흐 웨

언제 다시 와야 됩니까?
Хэзээ дахиж ирэх вэ?
헤제 다히찌 이러흐 웨

이가 아픕니다.
Миний шүд өвдөөд байна.
미니: 슈뜨 업더:뜨 밴:

잇몸이 부었습니다.
Миний буйл хавдсан юм.
미니: 보일 합더썬 욤

잇몸에서 피가 납니다.
Миний буйлнаас цус гараад байна.
미니: 보일나:쓰 초쓰 가라:뜨 밴:

충전물이 떨어졌습니다.
Миний шүдний ломбо уначихлаа.
미니: 슈뜨니: 롬버 온치흘라:

치아에 충전을 해주십시오.
Ломбо тавьж өгнө үү.
롬버 태위찌 어근 우:

마취주사를 놓아 주십시오.
Надад мэдээ алдуулах тариа
나더뜨 메떼: 알똘:러흐 타리아

хийж өгнө үү.
히:찌 어근 우:

이 치아는 빼지 마십시오.
Миний энэ шүдийг битгий аваач.
미니: 엔 슈띡: 비트기: 아와치

여기 벌레먹은 충치를 빼려고 하는데요.
Энэ хорхой идсэн шүдийг
엔 호르호이 이뜨썽 슈띡:

авахууах гэсэн юм.
아와홀:러흐 게썽 욤

30. 진찰

자, 옷을 벗으십시오.
За, Хувцсаа тайл!
자　홉츠싸:　타일

긴장을 푸십시오.
Та тайван бай!
타　태:왱　배:

숨을 깊이 들여 쉬십시오.
Урт амьсгал!
오르트　앰스갈

입을 크게 벌리십시오.
Амаа сайн ангай!
아마:　생:　앙가이

혀를 내미십시오.
Хэлээ гарга!
헬레:　가락

맥박을 살펴보겠습니다.
Судасы тань үзье!
소더씨:탄　우찌:

당신의 혈액형은 무엇입니까?
Та цусны ямар бүлэгтэй вэ?
   타   초쓰니: 야머르   불럭테: 웨

머리를 움직이지 마시오.
Толгойгоо битгий хөдөлгө!
    톨고이고: 비트기: 허덜럭

아래를 보지 마시오.
Битгий доошоо хар!
   비트기: 도:쇼: 하르

처음 언제부터 아팠습니까?
Та анх хэдийд өвдсөн бэ?
   타   앙흐   헤디:뜨   업드썬   베

아침과 저녁 중 언제가 더 아프십니까?
Өглөө, орой алинд нь илүү
   어글러: 오뢰: 앨린뜬   일루:

өвдөж байна вэ?
  업더찌   밴: 웨

변은 어떻게 보십니까?
Таны өтгөн ямар байна вэ?
   타니: 어트겅   야머르   밴: 웨

오줌색깔은 어떻습니까?
Таны шээсний өнгө ямар байна вэ?
   타니: 쉐:쓰니: 엉그   야머르   밴: 웨

진찰

잠은 잘 주무십니까?
Нойр тань ямар байна вэ?
노이르탄 야머르 밴: 웨

병원에 입원하시는 것이 좋겠습니다.
Та эмнэлэгт хэвтсэн нь дээр.
타 엠널럭트 헵트써는 데:르

몇 일 동안 푹 쉬셔야만 되겠습니다.
Та хэдэн өдөр сайхан амрах хэрэгтэй байна.
타 헤덩 어더르 새:헝 아므러흐 헤럭테: 밴:

금방 회복하실 것입니다.
Та тун удахгүй эдгэрч, зүгээр болно.
타 퉁 오떠흐꾸이 에뜨거르치 주게:르 볼런

걱정하실 필요 없습니다.
Та санаа зовох хэрэггүй.
타 사나: 조워흐 헤럭꾸이

쓸데 없는 생각은 하지 마십시오.
Та дэмий юм битгий бод!
타 데미: 윰 비트기: 보뜨

필수어휘

병원	эмнэлэг	엠널럭
환자	өвчтөн	업치텅
간호사	сувилагч	소윌럭치
들것	дамнуурга	담노:럭
병력	өвчний түүх	업치니: 투:흐
병명	өвчний нэр	업치니: 네르
병실	өвчитний өрөө	업치트니: 어러:
혈압	цусны даралт	초쓰니: 다럴트
체온계	халууны шил	할로:니: 쉴
맥박	судасны цохилт	소더쓰니: 초힐트
고혈압	цусны даралт ихдэх	초쓰니: 다럴트 이흐떠흐
저혈압	цусны даралт багадах	초쓰니: 다럴트 박떠흐
빈혈	цус багадах	초쓰 박떠흐
인공호흡	хиймэл амьсгал	히:멀 앰쓰걸
구급차	түргэн тусламжийн машин	투러겅 토슬럼찡: 마쉰
진찰	онош	오너쉬
임신	жирэмслэлт	찌럼쓸럴트
임산부	жирэмсэн эмэгтэй	찌럼썬 에멕테:

진찰

임신 중독증	жирэмсний хордлого	찌렘쓰니: 호르뜰록
혈액검사	цусны шинжилгээ	초쓰니: 쉰찔게:
소변검사	шээсний шинжилгээ	쉐:쓰니: 쉰찔게:
X-레이	рентгэн	렌트건
주사	тариа	타리아
예방주사	урьдчилан сэргийлэх тарилга	오리뜨칠렁 쎄르길:러흐 타릴럭
약물치료	эмийн эмчилгээ	에밍: 엠칠게:
수술	мэс засал	메쓰 자썰
고름	идээ	이데:
종기	хавдар	합더르
상처	шарх	샤르흐
골절	яс хугарах	야쓰 호거러흐
심장병	зүрхний өвчин	주르흐니: 업칭
피부병	арьсны өвчин	아리쓰니: 업칭
만성병	архаг өвчин	아르헉 업칭
전염병	халдварт өвчин	할뜨워르트 업칭
에이즈	ДОХ	도흐
페스트	тарваган тахал	타르워것 타헐
구제역	шүлхий өвчин	슐히: 업칭
탄저병	боом өвчин	봄: 업칭

진찰

정신병	мэдрэлийн өвчин	메뜨럴링: 업칭
폐병	уушигны өвчин	오:쉬그니: 업칭
폐렴	уушигны хатгалгаа	오:쉬그니: 하트걸가:
폐결핵	уушигны сүрьеэ	오:쉬그니: 수리:예:
황달	шар өвчин	샤르 업칭
간질환	элэгний өвчин	엘러그니: 업칭
간염	элэгний тахалт үрэвсэл	엘러그니: 타헐트 우럽썰
간경화	элэгний хатуурал	엘러그니: 하토:럴
신부전	бөөрний дутагдал	버:르니: 도턱덜
류머티즘	үе мөчний өвчин	우이 머치니: 업칭
위궤양	ходоодны шарх	호도:뜨니: 샤르흐
동맥경화	судасны хатуурал	소더쓰니: 하토:럴
담석	цөсний чулуу	처쓰니: 촐로:
암	өмөн үү	어먼 우:
내과	дотрын тасаг	도트링: 타썩
외과	мэс заслын тасаг	메쓰 자쓸링: 타썩

진찰

정신과	сэтгэл мэдрэлийн тасаг	세트걸 메뜨럴링: 타썩
소아과	хүүхдийн тасаг	후:허:띵 타썩
피부과	арьсны өвчний тасаг	아리쓰니: 업치니: 타썩
부인과	эмэгтэйчүүдийн тасаг	에먹테추:띵: 타썩
비뇨기과	бөөрний тасаг	버:르니: 타썩
이비인후과	чих хамар хоолойн тасаг	치흐 하머르 홀:로잉 타썩
안과	нүдний тасаг	누뜨니: 타썩
치과	шүдний тасаг	슈뜨니: 타썩

진찰

31. 약국

가까운 약국은 어디에 있습니까?
Ойрхон эмийн сан хаана байдаг вэ?
오이르헝 에밍: 상 한: 배:덕 웨

이 처방대로 약을 지어주십시오.
Энэ жороор эм найруулж өгнө үү.
엔 쪼로:르 엠 내:롤:찌 어근 우:

아무런 약도 소용이 없습니다.
Ямар ч эм нэмэр болохгүй байна.
야마르치 엠 네머르 볼러흐꾸이 밴:

두통약이 있습니까?
Танайд толгойны эм байна уу?
타내:뜨 톨고이니: 엠 밴: 오:

진통제를 주십시오.
Надад өвчин намдаах эм өгнө үү.
나더뜨 업칭 남다:흐 엠 어근 우:

이것은 외용약입니다.
Энэ гадуур хэрэглэдэг эм шүү.
엔 가또:르 헤러글덕 엠 슈:

반창고가 있습니까?
Шархны лент байна уу?
_{샤르흐니: 렌트 밴: 오:}

이 약을 의사의 지시에 따라 사용해야만 합니다.
Энэ эмийг эмчийн зааврaaр хэрэглэх
_{엔 에믹: 엠칭: 자:워라:르 헤러글러흐}

ёстой.
_{요스퇴:}

처방전이 없이는 이 약을 드릴 수 없습니다.
Эмийн жоргүйгээр танд энэ эмийг
_{에밍: 쪼르구이게:르 탄뜨 엔 에믹:}

өгөхгүй.
_{어거흐꾸이}

필수어휘

약국	эмийн сан	에밍: 상
약사	эм найруулагч	엠 내:룰:럭치
처방전	эмийн жор	에밍: 쪼르
알레르기	эмийн харшил	에밍: 하르쉴
아스피린	аспирин	아스피린
안약	нүдний дусаалга	누뜨니: 도살:럭
식중독	хоолны хордлого	홀:니: 호르뜰록

붕대	шархны боолт	샤르흐니: 볼:트
알약	үрэл эм	우럴 엠
가루약	нунтаг эм	논턱 엠
물약	усан эм	오썬 엠
비타민	витамин	비타민
항생제	антибиотик	안티비오틱
소독제	өрөвслийн эм	어럽슬링: 엠
진통제	өвчин намдаах эм	업칭 남다:흐 엠
진정제	тайвшруулах эм	탭:쉬룰:라흐 엠
감기약	ханиадны эм	하니아뜨니: 엠
위장약	гэдэсний эм	게더쓰니: 엠
수면제	нойрны эм	노이르니: 엠
두통약	толгойны эм	톨고이니: 엠
강장제	хүч тамирын эм	후치 타미링: 엠
마취 주사제	мэдээ алдуулах эм тариа	메떼: 알똘:러흐 엠 타리아

약국

32. 비상사태

도와주세요!
Туслаарай!
토쓸라:래

살려주세요!
Амь авраарай!
앰 아우라:래

경찰을 불러주세요.
Цагдаа дуудаж өгөөч!
착다: 도:더찌 어거:치

지갑을 도둑 맞았습니다.
Би түрийвчээ хулгайд алдчихлаа.
비 투립:체: 훌개:뜨 알뜨치흘라:

가방을 도난 당했습니다.
Би цүнхээ дээрэмдүүлчихлээ.
비 충헤: 데:렘둘:치흘레:

여권을 잃어버렸습니다.
Би паспортоо гээчихлээ.
비 파스포르토: 게:치흘레:

개한테 물렸습니다.
Би нохойд хазуулчихлаа.
비 노호이드 하졸:치흘라:

말에서 떨어졌습니다.
Би мориноос уначихлаа.
비 모리노:쓰 오너치흘라:

택시에 카메라를 두고 내렸습니다.
Би таксинд зургийн аппаратаа
비 탁씬드 조르깅: 아파러타:
орхичихжээ.
오르히치흐쩨:

가방을 버스에 두고 내렸습니다.
Би цүнхээ автобусанд орхичихжээ.
비 충헤: 압토보썬드 오르히치흐쩨:

분실물 보관소는 어디에 있습니까?
Гээсэн юм хадгалдаг газар хаана
게:썬 욤 하드걸떡 가저르 한:
байдаг вэ?
배:덕 웨

분실물 보관소의 전화를 알려주십시오.
Гээсэн юм хадгалдаг газарын утасыг
게:썬 욤 하드걸떡 가저링: 오터씩:
хэлж өгнө үү.
헬찌 어근 우:

만약 물건을 찾게되면 저에게 연락해 주십시오.
Хэрэв юм олдвол над руу утасдаарай.
  헤럽   욤   올뜨월   나뜨로: 오터쓰다:래:

경찰에 도난신고를 하고싶습니다.
Би цагдаад хулгайд юмаа алдсан
 비   착다:뜨   훌가잉   요마   알떠썬

тухай мэдүүлэх гэсэн юм.
 토해: 메둘:러흐   게썬   욤

미안합니다. 길을 잃어버렸습니다.
Уучлаарай, Би төөрчихлөө.
 오:칠라:래: 비   터:르치흘러:

저는 올란바타르에 처음 왔습니다.
Би Улаанбаатарт анх удаа ирсэн юм.
 비   올란:바:터르트   앙흐   오따: 이르썬   욤

어떻게 가야할 지 전혀 모르겠습니다.
Би яаж очихыг ерөөсөө мэдэхгүй
 비   야찌   오치힉: 여러:써: 메떠흐꾸이

байна.
 밴:

한국어통역을 불러주십시오.
Солонгос хэлний орчуулагч дуудаж
 솔렁고쓰   헬니: 오르출:럭치   도:더찌

өгнө үү.
 어근   우:

이 주소로 저를 데려다 주십시오.
Намайг энэ хаягаар хүргээд өгөөрэй.
나맥: 엔 하이가:르 후르게:뜨 어거:래:

필수어휘

재해	гэнэтийн аюул	겐팅: 아율:
화재	гал түймэр	갈 투이머르
자연재해	байгалийн гамшиг	바이:갈링 감쉭
홍수	үер	우이르
가뭄	ган	강
설해	зуд	졷
지진	газар хөдлөл	가저르 허들럴
눈보라	цасан шуурга	차썬 쇼:럭
모래폭풍	элсэн шуурга	엘썬 쇼:럭
흙먼지폭풍	шороон шуурга	쇼:론 쇼:럭
황사	түйрэн	투이렁
태풍	хар салхи	하르 살리흐
비행기 참사	онгоцны сүйрэл	옹오츠니: 수이렬
산업재해	үйлдвэрийн осол	우일드워링 오썰
교통사고	машины осол	마쉬니: 오썰

충돌사고	мөргөлдөх осол	머르걸떠흐 오썰
사망	нас барах	나쓰 바라흐
부상	гэмтэл	겜털
벼락치다	аянга ниргэх	아잉거 니르거흐
벼락맞다	аянганд ниргүүлэх	아잉건뜨 니르굴러흐
차에 치이다	машинд дайруулах	마쉰드 대:롤:러흐
불이 나다	гал гарах	갈 가러흐
폭발하다	дэлбэрэх	델브러흐
물에 빠지다	усанд живэх	오썬뜨 찌워흐
뱀에 물리다	могойд хатгуулах	모고이뜨 하트골:러흐
다치다	бэртэх	베르터흐
의식을 잃다	ухаан алдах	오항: 알떠흐
돈을 잃다	мөнгөө алдах	멍거: 알떠흐
도둑	хулгайч	홀가이치
소매치기	хармааны хулгайч	하르마:니: 홀가이치
강도	дээрэмчин	데:럼칭
경찰	цагдаа	착다:
취객유치장	эрүүлжүүлэх газар	에룰:쭐:러흐

비상사태

수술받다	мэс засал хийлгэх	메쓰 자썰 힐:거흐
응급실	сэхээн амьдруулах тасаг	세헹: 앰드롤:러흐 타썩
소방서	гал команд	갈 코만드
소방차	гал командын машин	갈 코만딩: 마쉰
소방대원	гал сөнөөгч	갈 서넉:치
당직	жижүүр	찌쭈:르
경비원	харуул	하롤:
교통경찰	замын цагдаа	자밍: 착다:
산림경찰	ойн цагдаа	오잉 착다:
경찰서	цагдаагийн газар	착다:깅: 가저르

비상사태

33. 이발소와 미용실

이발을 하고 싶습니다.
Би үсээ засуулмаар байна.
비 우쎄: 자쑬:마:르 밴:

머리를 손질만 하고 싶습니다.
Би үсээ захлуулах гэсэн юм.
비 우쎄: 자흘룰:러흐 게썬 윰

어떻게 잘라드릴까요?
Яаж тайруулах вэ?
야찌 태:룰:러흐 웨

너무 짧지 않게 해주십시오.
Хэт богинохон биш засч өгнө үү.
헽 보긴헝 비쉬 자쓰치 어근: 우:

당신이 보기에 저한테 어울리게 해주십시오.
Та харж байгаад надад зохихоор засаад өгөөч.
타 하르찌 배:가:뜨 나더뜨 조히호:르 자사:뜨 어거:치

뒷머리만 잘라주십시오.
Миний үсийг зөвхөн араас нь
미니: 우씩: 저우헝 아라:쓴

тайрна уу.
태:른: 오:

면도를 하고싶습니다.
Би сахлаа хусуулмаар байна.
비 사힐라: 호쏠:마:르 밴:

향수를 좀 뿌려주십시오.
Та жаахан үнэртэй ус түрхчих.
타 짜:헝 우너르테: 오쓰 투르흐치흐

헤어스타일을 바꾸고 싶습니다.
Би үснийхээ засалтыг өөрчлөх гэсэн
비 우쓰니:헤: 자썰틱 어:르칠러흐 게썬

юм.
윰

헤어스타일 모형들을 보고싶습니다.
Би үс засалтын загварыг үзмээр байна.
비 우쓰 자썰팅: 작워릭: 우쯔메:르 밴:

유행하는 스타일로 해주십시오.
Дэгжин маягаар засаж өгөөч.
덱찡 마이갸:르 자써찌 어거:치

오른쪽으로 가르마를 타주십시오.
Баруун тал руу нь самнаж өгөөрэй.
바롱: 탈르론: 삼너찌 어거:레:

염색을 해주십시오.

Үсээ будуульля.

우쎄:　　　보똘:리:

머리를 감아주세요.

Үсээ угаалгая.

우쎄:　　　오갈기:

미용실은 어디에 있습니까?

Гоо сайхны тасаг хаана байна вэ?

고:　새:흐니:　타썩　한:　밴:　웨

얼굴마사지를 해주세요.

Миний нүүрэнд иллэг хийж өгнө үү.

미니:　누:런뜨　일럭　히:찌　어근:　우:

눈썹을 좀 손질해주세요.

Хөмсгөө жаахан засуульля.

험쓰거:　짜:헝　자쑬:리:

손톱을 좀 손질해주세요.

Гарын хумс засч өгнө үү.

가링:　홈쓰　자스치　어근:　우

발톱을 깎아주세요.

Хөлийн хумс янзлаад өгнө үү.

헐링:　홈쓰　얀즐라:뜨　어근:　우

필수어휘

가위	хайч	해:치
거울	толь	토일
빗	сам	삼
마사지	иллэг	일럭
가발	хиймэл үс	히:멀 우쓰
헤어스타일	үсний засалт	우쓰니: 자썰트
면도칼	сахлын хутга	사흘링: 호턱
헤어드라이	үс хатаагч	우쓰 하탁:치
전기면도기	сахлын цахилгаан машин	사헐링: 차힐강: 마쉰
머리를 손질하다	үс тайрах	우쓰 태:러흐
머리를 빗질하다	үс самнах	우쓰 삼너흐
삭발하다	үсээ хусуулах	우쎄: 하쏠:러흐
머리를 염색하다	үс будуулах	우쓰 보돌:러흐
머리를 말리다	үсээ хатаах	우쎄: 하타:흐
머리를 감다	үсээ угаах	우쎄: 오가:흐
파마하다	хими хийлгэх	힘 힐:거흐
스트레이트파마	шулуун хими	숄롱: 힘
부분 염색하다	үсээ сорлуулах	우쎄: 소를롤:러흐
드라이하다	үсээ сэнсдүүлэх	우쎄: 쎈스둘:러흐
파마를 풀다	хими арилгуулах	힘 아릴골:러흐

34. 구두수선

가까운 구두수선점이 있습니까?
Ойрхон гутал засварын газар байдаг
 오이르헝   고털   자쓰워링: 가저르   배:덕

уу?
오:

구두수리를 맡기고 싶습니다.
Би гутлаа засуулах гэсэн юм.
 비   고털라: 자쑬:라흐   게썬   윰

구두뒤축이 떨어졌습니다.
Би гутлынхаа өсгийг унагачихлаа.
 비   고털링:하: 어쓰긱: 오너거치흘라:

못이 삐져나왔습니다.
Хадаас хатгаад байна.
 하다:쓰   하트가:뜨   밴:

지퍼가 고장났습니다.
Цахилгаан товч нь эвдэрчихлээ.
   차힐강: 톱친   엡떠르치흘레:

언제까지 다 됩니까?
Хэзээ бэлэн болох вэ?
헤제: 벨렁 볼러흐 웨

이것을 지금 당장 해줄 수 없습니까?
Та үүнийг яг одоо хийж өгч
타 우:닉: 약 오또: 히:찌 억치

тусална уу.
토썰런 오:

좀 더 일찍은 안됩니까?
Арай эртхэн шиг болохгүй юу?
아래: 에르트헝 쉭 볼러흐꾸이 요:

필수어휘

구두끈	гуталын үдээс	고털링: 우데:쓰
구두약	гуталын тос	고털링: 토쓰
구두솔	гуталын сойз	고털링: 소이즈
구두뒤축	гуталын өсгий	고털링: 어쓰기:
장화	түрийтэй гутал	투리:테 고털
단화	зуны гутал	조니: 고털
펠트신	эсгий гутал	에쓰기: 고털
샌들	шаахай	샤:하이
등산화	пүүз	푸:즈
구두를 닦다	гутал тослуулах	고털 토쓸롤:러흐
가죽	шир	쉬르
지퍼	цахилгаан товч	차힐강: 톱치

구두수선

35. 시계수선

시계가 이따금씩 가지 않습니다.
Миний цаг заримдаа зогсчихоод
미니: 착 자림다: 족스치호:뜨
байна.
밴:

제 시계는 하루에 30분씩 늦게 갑니다.
Миний цаг хоногт 30 минут хоцроод
미니: 착 호넉트 고칭 미노트 호츠로:뜨
байна.
밴:

시계를 떨어뜨렸습니다.
Би цагаа унагаачихсан юм.
비 차가: 오너가:치흐썽 욤

시계유리가 깨져버렸습니다.
Цагны шил хагарчихлаа.
차그니: 쉴 하거르치흐라:

시계가 고장났습니다.
Миний цаг эвдэрчихэж.
미니: 착 엡더르치허찌

전지를 바꾸어 끼워주십시오.
Цагны зай солих гэсэн юм.
   차그니: 재: 솔리흐   게썡   욤

시계 줄 있습니까?
Цагны оосор байна уу?
   차그니: 오:써르   밴: 오:

시계 줄이 끊어졌습니다.
Цагны оосор тасарчихлаа.
   차그니: 오:써르   타써르치홀라:

시계는 언제 찾으러 올까요?
Цагаа хэзээ ирж авах вэ?
   차가: 헤제: 이르찌   아워흐   웨

 **필수어휘**

손목시계	бугуйн цаг	보고인 착
탁상시계	ширээний цаг	쉬레:니: 착
벽시계	ханын цаг	하닌: 착
자명시계	сэрүүлэгтэй цаг	세룰:럭테 착
전자시계	электрон цаг	엘럭트론 착
시계 침	цагийн зүү	차깅: 주:
시계 줄	цагны оосор	차그니: 오:써르
시계전지	цагны зай	차그니: 재:
시계수리공	цагчин	착칭
분침	минутны зүү	미노트니: 주:
초침	секундны зүү	쎄콘드니: 주:
시차	цагийн зөрөө	차깅: 저러:
시계를 맞추다	цагаа тааруулах	차가: 타:룰:러흐
전지교체	зай солих	재: 솔리흐

시계수선

36. 안경수선

안경수리점은 어디에 있습니까?
Нүдний шил засдаг газар хаана байна вэ?
누뜨니: 쉴 자쓰덕 가저르 한: 밴: 웨

안경을 깨뜨렸습니다.
Нүдний шилээ хагалчихлаа.
누뜨니: 쉴레: 하걸치흘라:

안경테가 부러졌습니다.
Нүдний шилний хүрээ хугарчихлаа.
누뜨니: 쉴니: 후레: 호거르치흘라:

어떤 종류의 안경테가 있습니까?
Танайд нүдний шилний ямар хүрээ байна вэ?
타내뜨 누뜨니: 쉴니: 야머르 후레 밴: 웨

금테를 보여주십시오.
Надад алтадмал хүрээ үзүүлнэ үү.
나더뜨 알터뜨멀 후레: 우쭐런: 우:

이보다 더 가느다란 안경테는 없습니까?
Үүнээс арай нарийхан хүрээ алга уу?
우:네:쓰 아래: 나리:헝 후레: 알럭 오:

무테안경을 주십시오.
Хүрээгүй шил авъя.
후레:구이 쉴 아위:

콘택트렌즈 용액은 없습니까?
Танайд контакт линзийн шингэн
타내뜨 콘탁트 린징: 쉥겅

байхгүй юу?
배:흐꾸이 요:

시력을 검사하고 싶습니다.
Нүдний хараагаа шалгуулъя!
누뜨니: 하라:가: 샬골:리:

눈이 가렵습니다.
Нүд загатнаад байна.
누뜨 자거트나:뜨 밴:

눈이 충혈이 되었습니다.
Нүд улайгаад байна.
누뜨 올라이가:뜨 밴:

눈물이 납니다.
Нулимс гараад байна.
  놀림쓰   가라:뜨   밴:

가까운 것을 점점 더 보지 못합니다.
Ойрын хараа муудаад байна.
  오이링: 하라: 모:다:뜨   밴:

먼 것을 점점 더 보지 못합니다.
Холын хараа муудаад байна.
  홀링: 하라: 모:다:뜨   밴:

안경다리가 부러졌습니다.
Миний нүдний шилний хүрээний
  미니: 누뜨니   쉴니: 후레:니
гуя нь хагарчихлаа.
  고인: 하거르치흘라:

이 안경이 잘 어울립니까?
Энэ шил зохиж байна уу?
 엔   쉴   조히찌   밴: 오:

이 안경이 더 나을 것 같습니다.
Энэ шил хамаагүй дээр байх аа.
 엔   쉴   하마:구이   데:르   배:하:

안경수선

 **필수어휘**

안경	нүдний шил	누뜨니: 쉴
시력	нүдний хараа	누뜨니: 하라:
안경테	нүдний шилний хүрээ	누뜨니: 쉴니: 후레:
썬글래스	нарны шил	나르니: 쉴
돋보기	томруулагч шил	토믈롤:럭치 쉴
콘택트렌즈	контакт линз	콘탁트 린즈

안경수선

37. 술집에서

술집에 갈까요?
Бааранд орох уу?
바:런드 오러 호:

이 바는 너무 시끄럽습니다.
Энэ баар хэтэрхий дуу шуугиантай юм.
엔 바:르 헤테러히: 도: 쇼:기안태: 욤

이 바는 몇시에 문을 닫습니까?
Энэ баар хэдэн цагт хаах вэ?
엔 바:르 헤덩 착트 하:흐 웨

맥주를 드시겠습니까?
Пиво уух уу?
피워 오: 호:

어떤 맥주가 있습니까?
Ямар пиво байна вэ?
야머르 피워 밴: 웨

칭기스 맥주가 있습니까?
"Чингис" пиво байна уу?
칭기쓰 피워 밴: 오:

병맥주를 드시겠습니까?
Шилтэй пиво авах уу?
쉴테: 피워 아워 호:

생맥주를 마시겠습니다.
Задгай пиво авъя.
자뜨개: 피워 아위:

캔맥주가 있습니까?
Лаазтай пиво байна уу?
라:즈태: 피워 밴: 오:

견과가 있습니까?
Самар байна уу?
사머르 밴: 오:

안주로는 무엇을 시키겠습니까?
Даруулганд нь юу авах вэ?
다롤:러건뜬 요: 아워흐 웨

자, 건강을 위하여!
За, Эрүүл мэндийн төлөө!
자, 에뤀: 멘딩: 털러:

자, 건배!
За, хундага өргөе!
자, 혼덕 어르거:이

자, 다 함께 드십시다.
За, Цөмөөрууцгаая.
자, 처머:르 오:츠가:이

이제 그만 마시겠습니다.
Одоо боллоо.
오또: 볼:로:

취하지는 않으셨지요?
Согтоогүй биз.
속토:구이 비쯔

좀 더 드시겠습니까?
Жаахан нэмэх үү?
짜:항 네머 후:

재떨이가 있습니까?
Тамхины сав байна уу?
타미흐니: 사우 밴: 오:

담배를 피워도 됩니까?
Тамхи татаж болох уу?
타미흐 타터찌 볼러 호:

여기는 너무 답답합니다.
Энд их бүгчим байна.
엔드 이흐 북침 밴:

그러면 밖으로 나갈까요?
Тэгвэл гадаа гарах уу?
테그월 가따: 가러 호:

그럽시다.
Тэгье.
테기:

필수어휘

보드카	цагаан архи	차강: 아리흐
몽골전통주	шимийн архи	쉬밍: 아리흐
맥주	пиво	피워
병맥주	шилтэй пиво	쉴테: 피워
생맥주	гоожуурын пиво	고:쪼링: 피워
캔맥주	лаазтай пиво	라:즈태: 피워
음료수	ундаа	온다:
생수	цэвэр ус	체워르 오쓰
얼음	мөс	머쓰
칵테일	коктейл	콕테일
위스키	виски	위스키
와인	вино	비노
땅콩류	самар	사머르
안주	архины даруулга	아리흐니: 다롤:럭
과일	жимс	찜쓰

술집에서

부록

신체부위

기수사

서수사

분수, 소수, 백분율

요일

달

때

시간

방위

계절과 날씨

색

표지판

신체부위

한국어	몽골어	발음
인체	бие эрхтэн	비: 에르흐텅
머리	толгой	톨고이
두발	үс	우쓰
얼굴	нүүр	누:르
이마	дух	도흐
관자놀이	чамархай	차머르해
귀	чих	치흐
귓볼	чихний омог	치흐니: 오먹
고막	чихний хэнгэрэг	치흐니 헹거럭
눈썹	хөмсөг	험썩
속눈썹	сормос	소르머쓰
눈꺼풀	зовхи	조우히
눈	нүд	눋
눈동자	хүүхэн хараа	후:헝 하라:
뺨	хацар	하처르
코	хамар	하머르
콧잔등	хамрын хянга	하머링: 향거
콧구멍	хамрын нүх	하머링: 누흐

신체부위

콧털	хамрын үс	하머링: 우쓰
수염	сахал	사헐
입	ам	암
입술	уруул	오롤:
보조개	хацрын хонхорхой	하츠링: 홍허르호이
혀	хэл	헬
이	шүд	슏
잇몸	буйл	보일
턱	эрүү	에루:
턱수염	эрүүний сахал	에루:니: 사헐
목	хоолой	홀:로이
목덜미	хүзүү	후주:
목젖	хүүхэн хэл	후:헝 헬
후두	төвөнх	터웡흐
몸체	бие	비:
등	нуруу	노로:
어깨	мөр	머르
어깨뼈	дал	달

신체부위

가슴	цээж	체:찌
유방	хөх	허흐
유두	хөхний товч	허흐니: 톱치
허리	бэлхүүс	벨후:쓰
허리둘레	бүсэлхий	부썰히:
엉덩이	өгзөг	억적
허벅지	гуя	고이
배	гэдэс	게더쓰
배꼽	хүйсний нүх	후이쓰니: 누흐
사지	дөрвөн мөч	더러웡 머치
팔	гар	가르
팔꿈치	тохой	토호이
겨드랑이	суга	속
손	гарын сарвуу	가링: 사르오:
손목	бугуй	보고이
손바닥	алга	알럭
손가락	хуруу	호로:
손톱	хумс	홈쓰

신체부위

다리	хөл	헐
무릎	өвдөг	업떡
발목	шагай	샤가이
정강이	шилбэ	쉴럽
장단지	хөлийн булчин	헐링: 볼칭
발	хөлийн сарвуу	헐링: 사르오:
발바닥	хөлийн ул	헐링: 올
발끝	өлмий	얼미:
발꿈치	өсгий	어쓰기:

기수사

0	тэг	텍
1	нэг	넥
2	хоёр	호요르
3	гурав	고럽
4	дөрөв	더럽
5	тав	타우
6	зургаа	조르가:
7	долоо	돌로:
8	найм	냄:
9	ес	유쓰
10	арав	아럽
11	арван нэг	아러원 넥
12	арван хоёр	아러웡 호요르
13	арван гурав	아러웡 고럽
14	арван дөрөв	아러원 더럽
15	арван тав	아러원 타우
16	арван зургаа	아러원 조르가:
17	арван долоо	아러원 돌로:
18	арван найм	아러원 냄:

기수사

19	арван ес	아러윈 유쓰
20	хорь	호리
21	хорин нэг	호린 넥
22	хорин хоёр	호링 호요르
23	хорин гурав	호링 고럽
30	гуч	고치
31	гучин нэг	고친 넥
32	гучин хоёр	고칭 호요르
40	дөч	더치
41	дөчин нэг	더친 넥
42	дөчин хоёр	더칭 호요르
50	тавь	태위
51	тавин нэг	태윈 넥
52	тавин хоёр	태윙 호요르
60	жар	짜르
61	жаран нэг	짜런 넥
62	жаран хоёр	짜렁 호요르
70	дал	달
71	далан нэг	달런 넥

기 수 사

72	далан хоёр	달렁 호요르
80	ная	나이
81	наян нэг	나인 넥
82	наян хоёр	나잉 호요르
90	ер	이르
91	ерэн нэг	이런 넥
92	ерэн хоёр	이렁 호요르
100	зуу	조ː
101	зуун нэг	존ː 넥
102	зуун хоёр	종ː 호요르
110	зуун арав	종ː 아럽
111	зуун арван нэг	존ː 아르웡 넥
200	хоёр зуу	호요르 조ː
300	гурван зуу	고르웡 조ː
400	дөрвөн зуу	더르웡 조ː
500	таван зуу	타웅 조ː
600	зургаан зуу	조르간ː 조ː
700	долоон зуу	돌롱 조ː
800	найман зуу	내ː만 조ː

기수사

900	есөн зуу	유썬 조:
1000	мянга	먕거
1010	мянга арав	먕거 아럽
1011	мянга арван нэг	먕거 아르원 넥
10000	арван мянга,	아르원 먕거,
11000	арван нэгэн мянга,	아르원 네건 먕거
100000	зуун мянга(бум)	종: 먕거, (붐)
1000000	сая	사이
10000000	арван сая	아르원 사이
100000000	зуун сая (дүнчүүр)	종: 사이, (둔추:르)
1000000000	тэрбум	테르붐

서수사

첫째	нэгдүгээр	넥두게:르
둘째	хоёрдугаар	호요로도가:르
셋째	гуравдугаар	고럽도가:르
넷째	дөрөвдүгээр	더럽두게:르
다섯째	тавдугаар	탑도가:르
여섯째	зургадугаар	조럭도가:르
일곱째	долдугаар	돌도가:르
여덟째	наймдугаар	냄:도가:르
아홉째	есдүгээр	유쓰두게:르
열째	аравдугаар	아럽도가:르
열 한 번째	арван нэгдүгээр	아러원 넥두게:르
열 두 번째	арван хоёрдугаар	아러원 호요로도가:르
스무 번째	хорьдугаар	호리도가:르
스물 한 번째	хорин нэгдүгээр	호린 넥두게::르
서른 번째	гучдугаар	고치도가:르

서수사

마흔 번째	дөчдүгээр	더치두게:르
쉰 번째	тавьдугаар	태위도가:르
예순 번째	жардугаар	짜르도가:르
일흔 번째	далдугаар	달도가:르
여든 번째	наядугаар	나이도가:르
아흔 번째	ердүгээр	이르두게:르
백 번째	зуудугаар	조:도가:르
천 번째	мянгадугаар	먕거도가:르
만 번째	арван мянга дахь	아러원 먕거떠흐
십만 번째	зуу мянга дахь	조: 먕거떠흐
백만 번째	сая дахь	사이떠흐

분수 소수 백분율

1/2	хоёрны нэг (хагас)	호요르니: 넥, (하거쓰)
1/3	гуравны нэг	고러워니: 넥
2/3	гуравны хоёр	고러워니: 호요르
1/4	дөрөвний нэг	더러워니: 넥
3/5	тавны гурав	타우니: 고럽
1/10	аравны нэг	아러워니: 넥
0.1	тэг бүхэл аравны нэг	텍 부헐 아러워니: 넥
0.01	тэг бүхэл зууны нэг	텍 부헐 조:니: 넥
0.001	тэг бүхэл мянганы нэг	텍 부헐 먕거니: 넥
5.75	таван бүхэл зууны далан тав	타왕 부헐 조:니: 달런 타우
9.762	есөн бүхэл мянганы долоон зуун жаран хоёр	유썬 부헐 먕거니: 돌론: 종: 짜렁 호요르
50%	тавин хувь	태윙 호읍
75%	далан таван хувь	달렁 타왕 호읍
100%	зуун хувь	종: 호읍

요일

월요일	нэгдэх өдөр	넥더흐 어더르
	Даваа гариг	다와: 가릭
화요일	хоёрдахь өдөр	호요르더흐 어더르
	Мягмар гариг	먁머르 가릭
수요일	гуравдахь өдөр	고럽더흐 어더르
	Лхагва гариг	라욱 가릭
목요일	дөрөвдөх өдөр	더럽더흐 어더르
	Пүрэв гариг	푸럽 가릭
금요일	тавдахь өдөр	탑더흐 어더르
	Баасан гариг	바:썽 가릭
토요일	хагас сайн өдөр	하거쓰쌩: 어더르
	Бямба гариг	뱜버 가릭
일요일		H· 어더르

달

1월	нэгдүгээр сар	넥두게:르 사르
2월	хоёрдугаар сар	호요르도가:르 사르
3월	гуравдугаар сар	고럽도가:르 사르
4월	дөрөвдүгээр сар	더럽두게:르 사르
5월	тавдугаар сар	탑도가:르 사르
6월	зургадугаар сар	조럭도가:르 사르
7월	долдугаар сар	돌도가:르 사르
8월	наймдугаар сар	냄:도가:르 사르
9월	есдүгээр сар	유쓰두게:르 사르
10월	аравдугаар сар	아럽도가:르 사르
11월	арван нэгдүгээр сар	아르원 넥두게:르 사르
12월	арван хоёрдугаар сар	아르웡 호요르도가:르 사르

때

한국어	몽골어	발음
오늘	өнөөдөр	어너:더르
오늘아침	өнөө өглөө	어너: 어글러:
오늘오후	өнөөдөр үдээс хойш	어너:더르 우데:쓰 호이쉬
오늘저녁	өнөө орой	어너: 오뢰:
오늘밤	өнөө шөнө	어너: 션
이번 주	энэ долоо хоног	엔 돌로: 호넉
이번 달	энэ сар	엔 사르
올해	энэ жил	엔 찔
지금	одоо	오또:
어제	өчигдөр	어칙더르
그제	уржигдар	오르찍더르
그그제	уржийн уржигдар	오르찡: 오르찍더르
어제아침	өчигдөр өглөө	어칙더르 어글러:
어제오후	өчигдөр үдээс хойш	어칙더르 우데:쓰 호이쉬
어제저녁	өчигдөр орой	어칙더르 오뢰:
어젯밤	өчигдөр шөнө	어칙더르 션

때

한국어	몽골어	발음
지난 주	өнгөрсөн долоо хоног	엉거르썬 돌로: 호넉
지난 달	өнгөрсөн сар	엉거르썬 사르
작년	өнгөрсөн жил	엉거르썬 찔
내일	маргааш	마르가:쉬
모레	нөгөөдөр	너거:더르
내일아침	маргааш өглөө	마르가:쉬 어글러:
내일오후	маргааш үдээс хойш	마르가:쉬 우데:쓰 호이쉬
내일저녁	маргааш орой	마르가:쉬 오뢰:
내일밤	маргааш шөнө	마르가:쉬 션
다음 주	ирэх долоо хоног	이러흐 돌로: 호넉
다음 달	ирэх сар	이러흐 사르
내년	ирэх жил	이러흐 찔

시간

1시	нэг цаг	넥 착
2시	хоёр цаг	호요르 착
3시	гурван цаг	고르완 착
4시	дөрвөн цаг	더르원 착
5시	таван цаг	타운 착
6시	зургаан цаг	조르간: 착
7시	долоон цаг	돌론: 착
8시	найман цаг	내:먼 착
9시	есөн цаг	유썬 착
10시	арван цаг	아르원 착
11시	арван нэгэн цаг	아르원 네건 착
12시	арван хоёр цаг	아르웡 호요르 착
13시	арван гурван цаг	아르웡 고르원 착
14시	арван дөрвөн цаг	아르웡 더르원 착
15시	арван таван цаг	아르원 타운 착
16시	арван зургаан цаг	아르원 조르간: 착
17시	арван долоон цаг	아르원 돌론: 착

시간

18시	арван найман цаг	아르웡 내:먼 착
19시	арван есөн цаг	아르웡 유썬 착
20시	хорин цаг	호린 착
21시	хорин нэгэн цаг	호린 네건 착
22시	хорин хоёр цаг	호링 호요르 착
23시	хорин гурван цаг	호링 고르완 착
24시	хорин дөрвөн цаг	호린 더르웡 착

방위

동	зүүн(дорно)	중:, (도런)
서	баруун(өрнөд)	바롱:, (어르너뜨)
남	урд(өмнө)	오르뜨, (어믄)
북	хойд(умард)	호이뜨, (오머르뜨)

전	өмнө	어믄
후	хойно(ард)	호인, (아르뜨)
좌	зүүн тийш	중: 티:쉬
우	баруун тийш	바롱: 티쉬

위로	дээшээ	데:셰:
아래로	доошоо	도:쇼:
앞으로	чигээрээ	치게:레:

계절과 날씨

봄	хавар	하워르
여름	зун	종
가을	намар	나머르
겨울	өвөл	어월
비	бороо	보로ː
눈	цас	차쓰
서리	цан хяруу	창 햐로ː
구름	үүл	울ː
해	нар	나르
바람	салхи	살리호
천둥	аянга	아잉거
얼음	мөс	머쓰

계절과 날씨

맑은	цэлмэг	첼먹
화창한	нартай	나르태:
흐린	бүрхэг	부르헉
구름낀	үүлтэй	울:태:
비오는	бороотой	보로:퇴:
더운	халуун	할롱:
추운	хүйтэн	후이텅
따뜻한	дулаан	돌랑:
서늘한	сэрүүн	세룽:
무더운	бүгчим	북침
눅눅한	чийглэг	치:글럭
건조한	хуурай	호:래:

색

검은	хар	하르
흰	цагаан	차강:
빨간	улаан	올랑:
파란	хөх	허흐
노란	шар	샤르
하늘색	цэнхэр	쳉허르
갈색	хүрэн	후렁
녹색	ногоон	노공:
분홍	ягаан	야강:
회색	бор	보르
얼룩덜룩	эрээн	에렌:
베이지색	шаргал	샤르걸
밝은	цайвардуу	채:워르도:

표지판

주의	Болгоомжил!	볼곰:찔
경고	Санамж!	사넘찌
위험	Аюултай!	아율:태:
입구	Орц	오르츠
출구	Гарц	가르츠
입장금지	Орж болохгүй!	오르찌 볼러흐꾸이
퇴장금지	Гарч болохгүй!	가르치 볼러흐꾸이
외부인 출입금지	Гадны хүн орж болохгүй!	가뜨니: 흥 오르찌 볼러흐꾸이
금연	Тамхи татаж болохгүй!	타미흐 타터찌 볼러흐꾸이
촬영금지	Зураг авч болохгүй!	조럭 압치 볼러흐꾸이
촉수금지	Гар хүрч болохгүй!	가르 후르치 볼러흐꾸이
입수금지	Усанд орж болохгүй!	오쓴뜨 오르찌 볼러흐꾸이

표지판

맹견주의	Нохойтой!	노호이퇴:
칠주의	Нойтон будагтай!	노이텅 보덕태:
청소중	Цэвэрлэгээтэй!	체웨를르게:테:
통행금지	Хөл хорьсон!	헐 호리썽
천렵금지	Загас барьж болохгүй!	자거쓰 바리찌 볼러흐꾸이
소음금지	Бүү шууги!	부 쇼:기
경적 사용금지	Дуут дохиог хориглоно!	도:트 도히옥 호리글런
실화주의	Гал түймэрээс болгоомжил!	갈 투이머레:쓰 볼곰:찔
연료운반중	Шатахуун ачиж явна!	샤터홍: 아치찌 야운
자전거 통행금지	Унадаг дугуй унахыг хориглоно!	온덕 도고이 오너힉: 호리글런

표지판

한국어	몽골어	발음
남성용	Эрэгтэй	에럭테:
여성용	Эмэгтэй	에럭테:
사용중	Хүнтэй	훈테:
비어있음	Хоосон	호:썽
당기시오	Тат	탈
미시오	Түлх	툴흐
열려있음	Нээлттэй	넬:트테:
닫혀있음	Хаалттай	할:트태:
휴업중	Амралттай	아므럴트태:
예약석	Захиалгатай	자히얼럭태:
수리중	Засвартай	자쓰워르태:
안내소	Лавлагаа	라울르가:

	NO	도 서 명	정가
영어	1	4주완성 독학 영어 첫걸음	7,000
	2	지구촌 영어 첫걸음	9,000
	3	영어회화 고민 이제 끝냅시다! I	9,000
	4	영어회화 고민 이제 끝냅시다! II	8,000
	5	아낌없이 주는 영어	8,500
	6	비즈니스 영어	6,000
	7	입에 술술 붙는 영단어	9,500
	8	헷갈리는 영어 잡아먹기	10,000
	9	톡톡튀는 신세대 영어 표현 (1개)	11,000
	10	패턴의 원리를 알면 영어가 보인다 (3개)	13,000
	11	간편한 여행 영어 회화	4,500
	12	여행자를 위한 지구촌 영어 회화	8,000
	13	눈으로 느끼고 가슴으로 읽는 영어	8,500
	14	말장난으로 하는 영단어 DDR	9,000
	15	1000만인 관광 영어 회화	7,000
	16	영문 편지 쓰는 법	8,000
	17	영어 왜 포기해!	8,000
	18	우리아이 영어와 재미있게 놀기 (1개)	13,000
	19	영어 교사를 위한 영어학	8,000
	20	영어 커뮤니케이션 가이드	12,000
	21	영어가 제일 쉬웠어요	6,500
	22	다모아 답에태(단어장)	12,000
	23	이것이 토종 미국 영어다 (2개)	13,000
	24	미국 영어가 보인다 (1개)	11,000
	25	영작문 패턴으로 따라잡기	15,000
	26	Toefl Writing Master - class	9,000
	27	Harvard Vocabulary (2개)	17,000
	28	미국 영어 회화	13,000
일본어	29	4주완성 독학 일본어 첫걸음	7,000
	30	지구촌 일본어 첫걸음	7,000

	NO	도 서 명	정가
일본어	31	실용 일본어 회화	5,000
	32	배낭 일본어	7,500
	33	1000만인 관광 일본어 회화	6,000
	34	일본어 단어장	7,000
	35	편리한 회화 수첩	8,000
	36	일본여행 110	7,000
중국어	37	4주완성 독학 중국어 첫걸음	8,000
	38	실용 중국어 회화	6,000
	39	여행필수 중국어 회화	7,000
	40	영어대조 중국어 회화	4,500
	41	최신 중국어법 노트	10,000
프랑스어	42	4주완성 독학 프랑스어 첫걸음	7,500
	43	여행필수 프랑스어 회화	6,000
	44	영어대조 프랑스어 회화	6,000
	45	프랑스어 편지 쓰기	8,000
	46	노래로 배우는 프랑스어 (1개)	9,500
	47	샹송으로 배우는 프랑스어 (2개)	12,000
스페인어	48	4주완성 독학 스페인어 첫걸음	8,000
	49	영어대조 스페인어 회화 (개정판)	6,000
	50	노래로 배우는 스페인어 (1개)	9,500
	51	실용 서반어 회화	5,000
	52	교양 스페인어	13,500
이태리어	53	지구촌 이태리어 첫걸음	8,500
	54	여행필수 이탈리아어 회화	5,000
	55	영어대조 이탈리아어 회화 (개정판)	6,000
	56	노래로 배우는 이탈리아어 (2개)	13,500

	NO	도서명	정가
독일어	57	지구촌 독일어 첫걸음	7,500
	58	실용 독일어 회화	4,500
	59	여행필수 독일어 회화	6,000
	60	배낭 독일어	7,500
	61	독일어 편지 쓰기	8,000
	62	영어대조 독일어 회화 (개정판)	6,000
	63	독일어 무역 통신문	10,000
	64	PNdS독해평가	6,500
	65	PNdS청취평가 구두시험	6,500
	66	PNdS핵심 독문법	6,500
	67	최신 독일어	14,800
	68	독일어 문법과 연습	12,000
	69	노래로 배우는 독일어 (1개)	11,000
	70	수능 독일어	9,500
	71	배낭 유럽어	7,500
	72	대학생을 위한 활용 독일어 I (3개)	13,000
	73	성경으로 배우는 독일어	12,000
	74	대학생을 위한 활용 독일어 II (3개)	17,000
러시아어	75	4주완성 독학 러시아어 첫걸음	8,000
	76	한국인을 위한 러시아어 첫걸음	7,000
	77	여행필수 러시아어 회화	6,000
	78	영어대조 러시아어 회화	6,000
	79	표준 러시아어	12,000
	80	표준 러시아어 회화	8,000
	81	최신 러시아어 문법	25,000
	82	러시아어 펜맨십 강좌	5,500
	83	노브이 러시아어	20,000
기타 외국어	84	실용 아랍어 회화	5,000
	85	여행필수 베트남어 회화	6,000